安吾人生案内

坂口安吾
Ango Sakaguchi

三田産業

目次

凡例

一、本書は、一九五一年四月から十二月にかけて『オール讀物』に連載された「安吾人生案内（その一）〜（その八）」を底本として本文を校訂し、単行本と全集の本文をもって校合した。なお、底本にあった挿絵は割愛した。

一、本文は、現代仮名遣い・新字体で統一し、「ゝ」「〱」といった踊り字についても、それを用いない現代的表記に改めた。

一、本文の校訂においては、明らかな誤字脱字は修正したが、著者の表現を尊重するため、その修正は最小限にとどめ、基本的には底本の原文にしたがった。また、表現の不統一についても、同様の理由により、そのままとした。

一、ルビは底本に従うのではなく、現在では難読と思われる漢字にのみ、ひらがなで付した。ただし、底本にカタカナで付されているルビはそのまま生かした。

一、何の題材について書かれているのか、今日の読者には伝わりにくいと思われる箇所については、その冒頭に簡単な注釈を付した。

一、本文中には、現在では差別的とされる表現も見られるが、発表時の時代的背景および作品の文学的価値に鑑み、そのままとした。

判官巷を往く

まえがき

仕事の用で旅にでることが多いので、その期間の新聞を読み損うことが少くない。旅から戻ってきて、たまった古新聞を一々見る気持にもならないので、いろいろの重大ニュースを知らずに過していることがある。

そんな次第で、オール讀物の編輯《へんしゅう》部からきた三ツの手記のうち、二ツの出来事はちょうど私が旅行中で、知らなかったものである。もっとも、一ツはラジオの社会の窓だそうだが、ラジオが探訪する以上は直前に新聞記事でもあったはずだ。

はじめの相談では、月々の今日的な出来事、主として犯罪の犯人の手記にもとづく社会時評というのであったが、こうして手記を読んでみると、どう扱ってよいのか、甚だしく困惑するのである。なるほど、本人の手記であるから、本人といえばカケガエのないものだが、その手記がカケガエがないとは限らない。人間の仕でかすことは、個性的なもので、その人だけの特別な何かがある筈のものの、それについて説くのでなければ、意味をなさない。けれども、これらの手記は、いかにも申訳に手記らしく心事の一端をまとめたというようなものだ。彼や彼女の性格の型、家庭の型のようなものは推察できるかも知れないが、型の分析に終止するのは、やりがいがない気がして、なんとも、やりづらい。やる気が起らないのである。すすんで書く気持が起らないと、毎日ボンヤリと、ただむなしく〆切に追われ、責任感に苦しむだけで、実にくだらないこと、おびただしい。

　要するに、原料の選定をあやまったのである。もっと多くのことが分らなければ、否、多くなくとも、その人間の本質的なことが一ツでも閃いているのでないと、私にとっては手がかりがないのである。本人は自分の知識だけで自分を語っているのが当然。それを私の目から見ると別の解釈が成りたつ。私のやれることはそれだけであるが、本人の精一パイの言葉がどこかにないと、手がかりがない。たとえば、オカマ殺しの少年がこの手記と同じことを語るにしても、それを私が直接見聞していれば、他の色々のものを感じることもありうるが、この手記だけなら、彼という人間の肉声はどこにもない。他の誰かの手記でもありうるのである。捕縛直後というものは、犯罪事実の調書をとるには適していても、心境を語らせる時期ではないようだ。もしも犯行の事実がこの手記中に於《おい》てもっとメンミツに具体的に語られ、又、家出までの口論の模様などが同様にこまかく語られておれば、事実の中から少年の個性を知ることはできる。この荒筋だけの手記からは、彼や彼女の特異なものは空想的にしか知り得ない。犯罪自体がどんなに風変りでも、この程度に型のような心境を語らせた手記では、いくつ集めても根は同じ型通りのもので、この仕事を喜んでひきうけたのは拙者の浅慮であった。

そういう次第で、来月からは、犯罪者の手記はやりません。まだしも税務署の人になぐられた婦人の手記は面白いが、これも一方的では困るのである。両者の手記、それにこの場合は証人の手記も必要であろう。犯罪にくらべれば、こういう紛争、個人団体をとわずモンチャクの言い分をきく方が、今日的な特殊性、世相や感情の偏向を私流に指摘したり批判したり、しやすいようだ。来月からは、そういうものをやることにします。佐藤春夫、河盛好蔵両先生の大合戦の如きは（文學界二三月号）、期せずして両先生の稀有な手記が机上に並んだようなもので、これだとこの時評になりうるのだが、両先生の名文が長すぎて、のせきれないし、それを無断で載せると両先生に今度は私が征伐されるし、手記を載せなければこの時評の体裁がととのわないというわけで、人生はままならない。この辺の名文になると、カケガエのない手記であるが、世間一般の手記は、こうはいかないのである。

まして、国家だの、政党だの、会社などの言い分は概ね伏せてある秘密があって、それは見当のつかない性質のものだから、団体のモンチャクの言い分をきいて批評するとは更に甚しい浅慮、益々手に負えなくなるかも知れない。手に負えそうなものだけ、やることにします。人のモンチャクを批判するなどと云ったって、誰を啓蒙しようというコンタンでもなく、こんな見方もあります、というお慰みまでの読物にすぎません。ヒマツブシのお役に立てば幸せですが、個人の私生活に関するゴシップの類は取扱いません。

第一話　オカマ殺しの少年の話　佐藤幸三（十六歳）

ぼくはあの男を殺しました。ひどい奴です。女だと、すっかりぼくをだましたのです。初めから、一寸《ちょっと》おかしいとは思ったけど、ぼくも上ついて、落ちついて、確かめられなかったのが悪かった。

アパートへ連れ込まれてからも、セビロが吊ってあったり、どうも様子が怪しかったのに、一しょにフトンの中へ入ってもまだ気がつかなかったぼくもバカだったと思います。だから、男だとはっきりわかった時は、カッとなってしまいました。ナメられてたまるか、ぼくから千円もとっているのです。

しかし、はっきり殺そうとは考えていなかったと思います。便所へ行くふりをして、廊下でジャックナイフを開いた時も、ただ夢中でした。いきなり、あいつを突刺すと、ブスッと手ごたえがあって、へんてこな大声でわめいて倒れたので、部屋にあった上衣やズボンを抱えて、窓から逃げ出しました。逃げながらズボンを間違えているのに気がつきました。

しかし、走っているうちに、ズボンのポケットに、ぼくの名前を彫ったメダルが入っていたのを思い出して、ハッとしました。証拠を残してきたのです。しまった！　逃げても、つかまる！　自首しようと覚悟しました。

あの夜に、ぼくは家出してきていたのです。以前から、ぼくは家の中で孤独でした。ぼくの家には、父と母、次兄と嫂《あによめ》、三兄、それにぼく、長兄は戦死して、六人暮しです。

こんなことがありました。戦争中、神奈川県高座郡に疎開していた時、仲のよい同じ年の女の子がいたのです。本当に好きだったので、東京へ帰ってからも、会いたいと思い、とうとう去年の八月、家の者に黙って、彼女を訪ねて行きましたが、その一家はどこかへ移っていないのです。それからは、もう何もかも面白くなくなり、母はぼくの元気のないのを心配して、それほど、好きなら、少し早いが、その娘を探して結婚させようといってくれました。それなのに二十になるすぐ上の兄が、

「おれも結婚しないのに、十六ぐらいで」

と反対し、父もそういうのです。

それだけでなく、何かにつけて、家の者とケンカをしていました。母だけはぼくを本当に思ってくれてました。あの日の朝も、父とちょっとしたことから口論になり、

母あてに遺書を書きました。前々から考えていたことを実行しようと決心したのです。どこでだって暮せる、死んだっていいと思ったのです。

学校の月謝と正月の小遣い二千五百円と、去年の暮、護身用に買っておいたジャックナイフをポケットに、午後三時頃、家をとび出しました。途中新宿で降り、最後だからと思って映画を見ました。「女賊と判官」というのです。映画館を出るとピースを買ってのんだが、うまくなかった。

あてがないので、新宿駅の西口附近をぼんやり歩いていたら、若い男が、

「いい女がいるから遊んで行かないか」

と話しかけてきました。最後だから、女を知りたいと思いました。すると、その男が連れてきたのが、あの男なのでした。


この手記の筋を用いて童話ならできるだろう。少年が死出のミヤゲにパンパンを買いに行ったり、オカマが現れたり、大そう汚い童話だが、ストリンドベルヒ流の童話にはなるようだ。

十六の少年が疎開中に遊んだ村の娘、そのころ二人は十未満でしょうが、少年はその女の子が忘れられずに、村へ訪ねて行きますが、その子の家はもうないので、落胆してしまいます。

この辺は「たけくらべ」の恋情を、ムッシュウ・スガンの山羊の素直さにした感じ。まことに至純なメルヘンの世界である。少年の落胆が甚しいので、そんなに思いつめているなら結婚させようと母親は考えるが、オレがまだ結婚しないのにと二十の兄が反対し、父親も兄の言葉に同意見である。十六という年齢が結婚に早すぎるというのは万人がそう考えるのが常識であろう。理につく男親がその常識に従うのも当然。しかし母親が常識を度外視して、そんなに思いつめているなら結婚させたいと考えたのは、いかにも溺愛に盲《めし》いがちな母親らしい自然さでもあり、両親の気持のくいちがいや論争など、浄ルリのサワリになるところであろう。

童話と浄ルリの中の少年が家人とケンカして家出すると、唐突に話が汚くなってパンパンを買うことになるのが現代風だ。家出あるいは自殺というアンタンたる出発に護身用のジャックナイフを持ったというのは頷けないことではない。自殺に行くのに護身用は妙なようだが、自殺も他殺も同じようなもの、諸事アンタンとして気持が悲愴で荒々しく悲しい時には、自殺も家出も道に待ち伏せているかも知れぬオイハギ山賊妖怪もみんな一しょくたで、悲愴な気持の中には不安や苦痛な悪いことがみんな含まれていて一ツだけ分離されているものではない。人間の気持はたとえ十六の少年でも、そう単純で、ハッキリしたものではあり得ない。

しかし、自殺ということを一応言っておきながら、ナイフを自殺用の道具と云いたてずに、護身用と云っているのは、子供らしく正直な良いところかも知れない。もっとも殺人用と解されるのを怖れて、それにやや用途の似ている自殺用と言いたくなくて護身用と云ったのかも知れんし、近ごろは自殺といえばアドルムであるからジャックナイフでも自殺ができるということをこの節の少年は気がつかないのかも知れんな。街でポンピキによびとめられる。この辺も、汚いけれども、なんとなく童話の世界。北風の中の遍歴という詩情がないことはない。

昔の女の子が家出すると、悪い奴が駅や道に待ちかまえていて、呼びとめて、だまして売りとばしたものであるが、ポンピキが男の子をひッぱるというのはあまり聞かなかった。今では、こういうところは大人も子供も同じこと。自ら吉原門内へ踏み入ってならとにかく、ただの盛り場の賑いを歩いただけで、子供がポンピキによびとめられる。近代派のポンピキはじめパンパンにしてみれば、お金さえ持ってればお客だという実質精神。もっとも十六よりも幼いパンパンがタクサンいるのだ。

今の少年は家庭に於ては少年であるが、一足出ると大人の門がひらかれていて、同じような経験に遭遇する。パパは会社と家との往復の道のことしか知らないが、子供は映画を見たり、お茶をのんだりしてパパの知らない盛り場を歩くから余計大人の門を実地見学しているかも知れん。しかし、少年には少年らしい理想もあるし、独特の倫理や潔癖を持っているから、大人の門を目の前に見て怪人物の招待をうけても、めったに大人の門をくぐりはしないものだ。オカマ殺しの少年も大人の門をくぐったのはこの日がはじめてのようである。親というものは、子供は案外シッカリしているということを銘記する必要がある。親が酔っ払ってたった一度盛り場へ行くと忽《たちま》ち怪人物の招請に応じて後々大後悔に及ぶ憂い甚大であるが、子供はそんなに脆くはないものですよ。

子供を信頼せず、あんまり疑ると、そんなに疑るなら本当にやってしまえ、という気持が次第にたかまり、口実あらば実行せん構え十分になるのが普通である。なぜなら、子供には、潔癖と自制心と同時に、むろん性慾もあるし、甚しい好奇心もある。よき折あって、罪悪感を他に転嫁し自制を失うことができるなら、という気持も必ずあるものだ。それには親に無実の罪を疑られ、そのことで口論してヤケを起して飛びだすような時が最上の機会であろう。なぜなら、とにかく親の圧力が最大のブレーキだから。ブレーキに押しつけられている願望は、なんとかして自然に、又は自然らしく、そして罪を他に転嫁しうる堂々たる口実を得てブレーキを外したいとひそかに待っているのだから。そういう少年少女の気持を理解できない親は子供を却《かえ》って早く間違いに走らせる。第二話の娘の場合がそうである。子供が親に罪を転嫁すると同様、子供の親は厳格という型にはまった常識的な倫理観に安易にもたれて、自己の無理解、無智無能を転嫁している。子供は口実として他に罪を転嫁しても実は罪の意識に苦しむが、親は公定価格の修身の教えにもたれ、人からも自分からも罪を責められない。

さて少年は男の案内でアパートへ行く。部屋に男の上衣が吊るしてあるから怪しいと気がつきはじめたが、寝てみると本当に男だったので、ナメられてたまるものかと便所へ行くフリをして廊下でジャックナイフをひらいて、男娼を刺した。ブスッと手ごたえがあって変テコな声をだして逃げようとしたので、とっさに、また斬りつけたら大声でわめいて倒れたので、上衣とズボンをかかえて窓から逃げた。この辺の観察や記憶の角度は映画的である。彼は不幸な犯罪に対処して、追想するに映画の手法しか身についていなかったのかも知れん。しかし、とにかく、ここだけが甚だ映画的にリアリス的（山際さんの用語）である。映画は現代に於ける最大また有能の教育者ならんか。

あいにく私は巷談師らしくもなくオカマの宿を訪問した経験がないのは面目ないが、上野ジャングルを深更ちかいころ訪問してオカマの群れにはよそながら拝接した。概して彼らの特異性は視覚よりも聴覚にくるものがグロテスクで、一見して男と分らなくとも、声をきくとゾッと水を浴びせられた如く、汚く不潔な感に苦しめられる。オカマのグロテスクなのはその音声が最大なものだが、この少年が女を男と知るに至る経路、観察の角度が又、専一に視覚的で、部屋に男の上衣が吊るされていて怪しいと思いつく条《くだ》りなども映画的だ。まるで映画を見るように自分の現実を見たり構成したりしているのだが、実際そのの手法しか知らないのではないかと思われるのである。男の音声で、はてナと怪しむようなのは普通に映画のとらない手法だ。喋った言葉の内容から怪しみはじめる手法は普通に用いられるものであるが。

男の上衣が吊るされているので怪しいと思いはじめ、寝てみて男と分ったとは、どういう状況に至って確認したのか、まことに汚いこと夥《おびただ》しい話であるが、「たけくらべ」やスガンさんの山羊や、浄ルリのサワリから、いきなりここへ突入する表裏抱き合せの奇怪さ、一番キレイな幼いものと大人でも顔をそむける汚いものと一体をなしている筋書きが、あまりにも尋常を欠いて、非現実的、私流に言うと童話的というわけなのである。しかし天女と安達ケ原の妖婆と揃って一人の少年を成しているのは別にフランケンシュタインの一族一味ではなくて、日本の現実の一端であり、現代の少年少女の生態にはたしかに此《こ》のようなところもあるのである。彼や彼女らの無心に歩くところ、その門はどこにでも開かれているのだから。

女だと思いのほか男である。だまされたから怒るのは自然で、これをただ黙ってヘラヘラ笑っておれば、その方が薄気味悪い話さ。しかし、怒ったから、いきなり刺すというのは一般の人のよく為しうることではない。家出、それに自殺という気分も若干つきそって甚しく悲愴に昂揚していた心事の際であっても、いきなり人を刺すことは多くの人の為しがたいところである。

だまされたと知ってイキナリ武器をとって報復を志すのは幼児の時はややそうであるが、小学校へ行くころとなれば罪の意識も芽生えて、少数のほかはイキナリ武器をとるようなことは控えるようになるものだ。大人は罰せられるから、益々もって、やれやしない。幼児と同じようにイキナリ武器をとって報復するのは、ただ国家というものがあるだけだ。

国家に於ては、幼児にだけしか通用しない報復の理由が、戦争をひらく立派な理由になるのである。実にどうも国家というものは赤ん坊よりも理不尽なダダッ子、ワガママなギャングである。

だまされたと云っても、女だと思ったら男だったというようなことは、大人の世界では怒りに価するものではない。人生の表街道のものではなく、裏街ですらもなく、他人にそう邪魔にならない路傍か隅ッこにころがっていて、グロテスクではあるがバカバカしいだけの存在だ。こんな笑止な化け物にくらべれば、政界、官界、実業界、教育界、宗教界、文壇、学界、もっと妖しく実害のある大化け物は他のどこにでも見られることだ。ナイフが何万本あっても足りやしない。舌が三枚も五枚もある化け物など政界にいるが、そんなのも大した化け物ではない。十六年も生きていればオカマ以上の実害ある大化け物と交渉のなかった筈はないのだが、オカマには気がついても大化け物には気がつかないとは、頭の悪い少年だ。

世間には、大人の世界に無智不案内な子供が純でスレていなくて鷹揚だというような見方もあるのだが、何事によらず知らないということは賞讃の余地がないようだ。知ることと、行うこととは違う。利口な人間は知りたがるし、知っていて正邪を判じる力があり、敢《あえ》て悪を行わぬところに美点はあるかも知れないが、単に知らぬということは頭が悪いというほかの何物でもなく、長じて知るようになると、純変じてどんなスレッカラシになるか分りやしない。純などというのはつまらぬ時間の差で、しかも甚しく誤差の起りやすい要素をふくみ、わが子に対してそんな判断で安心していると、長じて忽然と妖怪化して手に負えなくなるのである。

満十六といえば、理解力はほぼ大人なみに成長しかけているものだ。この少年の人生の理解力は低く、いささか低能で、辛うじて映画によって人生を学んでいたようだ。手記の中にも、暗い気持で映画館をでて、ピースを一箱買ってみたが、まずかったというような描写が突然現れる。そういうところも映画的である。失恋か何かでアンタンたる気持の主人公がタバコを吸ってマズそうに捨てるような場面がホーフツとしている。そんなことよりも言わねばならぬ大切なことは他にタクサンありそうだが、そういうところはアッサリとばして甚しく場面的な情景描写にだけ念が入れてある。つまり映画的にしか自分の人生を回想できないのであろう。

低脳だから人を刺したが、理解力や判断力や抑制力はモッと生長するであろうから、長じて兇悪人物になるとは限らない。彼は家族たちに理解せられざることを悲しみ、孤独と観じ、人にだまされたのを怒ってはいるが、人をだまそうとはしていないようだ。低脳ではあるが、ヨコシマではない。人を刺すこと自体も、映画と自分の区別を知らずに模倣するほど低脳なのかも知れない。

しかし、これほど低能でも、自分を孤独とみる悲しさがあるのは、人間というものは切ないものだ。実際はこの少年ほど母の愛に恵まれている者はそう大勢はないかも知れないのだが、そのような判断は持っていない。しかし、母の愛情は知っているのである。愛されながら誤解したり、強いて愛されていないと誤解しようとするムキもあるから、それに比べれば、そうヒネクレてはいないのである。ただ自分を理解してくれない父や兄たちやアニヨメに重点をおいて、主として不満を軸としているのは甘ッたれた気持で、母の愛に傷められた甘えッ子の感多く、つまり低能であるが、これもヒネクレているせいではなくて、要するに甘ッタレだ。しかし、理解して貰えない切なさは、真実切なかった筈だ。どんなに幼くとも、低能でも、その切なさは万人の身にしみわたる悲しさで、変りのあるものではない。若いほど身にしみる悲しさかも知れない。とりわけそういう切なさをヒシヒシ感じる魂は幸福な魂ではないが、しかし、ヒネクレていることにはならない。いわば詩人の魂である。低能だから人を刺殺したが、魂はヨコシマではなかったのである。

殺人にも色々ある。正義とみて大官を暗殺し、わが身は正しいことを行ったと自負しているような低能もある。同じ低能殺人犯にも甚しい相違があって、この自称英雄が大官を暗殺する根柢には政論の正邪の判断がある筈だが、理論的に正邪を判ずるほど成人になっていながら、殺人という手段を選ぶ低能ぶりというものは、野蛮で悪質だ。少年の場合はだまされて千円とられたという理論のない直接のもので、つまり幼年の低能さだ。もっと智能が生育して、やや低能でなくなれば、そういうことは為し得ないであろう。同じように悪を憎み正義を愛すにも、自称英雄は政論の正邪を一人のみこみしたあげく殺人という事柄の正邪をさとらず、むしろ自分の行為を英雄的に自負しているほど生蕃《せいばん》的で文明人の隣人らしいところがないが、少年の憎む悪は素朴で直接的で、彼の愛している正しさも、生蕃の神がかり的な手前勝手のものではなくて、あたりまえの素朴な市井《しせい》的な善ということであったろう。少年の低能ぶりは、やがてもっと低能ではなくなるだろうし、低能でなくなれば、という救いはあると思われる。崇高な殺人などを冷静に考える低能には救いがない。狂犬が正義を自負しているようなものであるが、こういう狂犬のたぐいでないと戦争を仕掛けてやろうなどとは考えない。少年はもっと生長して低能でなくなれば、幼児の理窟で、武器を握って人を刺しはしないだろう。私がこの少年にのぞむことは、悪を憎む心を失わず、早く大人になりたまえ、ということだ。大人は化け物ばかりだよ。君も化け物になるであろうが、大化け物になる素質はないようだ。

第二話　カゴヌケした娘の話

山口公子（二十歳）

ジミーと知り合ったのは、ホテルに勤務している頃で、二世だと自分でいっていました。私に対する好意を率直に表わし、親切にしてくれました。

二十歳の今日までの私の生活は、何不自由のないものでした。むしろ、両親から甘やかされ、我儘《わがまま》一ぱいに育てられた方だと、自分でも思います。でも、父も母も、私が年頃になると、私の行動に、とても神経質になり、うるさく干渉しはじめました。私が両親を説いて、ホテルに勤めるようになったのも、そんな重苦しい家庭の空気が、いやでたまらず、自由な社会へ出たかったからです。

だから、ジミーに対しては、別に恋愛感情など、なかったのですが、彼との交際は、私には救いでした。すべてが愉しかった。

遊ぶといっても、私はダンスなどできませんでしたから、銀座を歩いたり、映画を見たり、レストランへ入ったりするくらいなものでした。

でも、鎌倉の家には、毎晩きちんと帰りました。父は夜は八時を門限ときめていました。遅れないように注意していましたが、ジミーと交際するようになってからは、その時間をすぎて帰宅することはしばしばありました。その度に、父はひどく叱ります。不満でした。ちょっと映画を見ても、鎌倉まで帰ると、八時をすぎるのは当り前なんです。

家出したのは九月、その夜もジミーと一しょでした。気がついた時には、とっくに、八時をまわっていました。どうせ叱られる、覚悟をして、遅くまでジミーといました。

家へ着いたのは十時でした、戸がしまっていましたが、灯りはついていました。でも、父も母も、どうしても家へ入れてくれないのです。かっとなって駅へ引返しましたが、行く先のあてといっても、結局、ジミーのホテルよりほかはないのです。

その夜、ホテルで、ジミーにはじめて許しました。仕方がなかったのです。両親への反抗だったかも知れません。それに、彼はとても親切でした。

それっきり、家へは帰りませんでした。一しょに暮しているうちに、ジミーは二世の貿易商だといっていましたが、本名は新仏典儀といい、広島に父母もあることがわかってきました。でも、ジミーはお金を沢山もっていたし、本当に愉しい日々でした。なんでも買え、いつでも映画が見られ、呼リン一つで用の足りるホテル生活――アメリカ映画の様でしたが、一月はじめ、雅叙園に移ってから、ジミーもお金に困るようになりました。

時計屋で、お金をつくろうと彼から相談されたのは、ホテルから度々宿泊料を催促されたあげくでした。その話を聞くと、うまく行きそうな気がしたし、やはりお金が欲しかった。これまでのような生活が捨てきれない気持が強く働いていたのだと思います。

ジミーにいいつけられたとおり、二十三日ヤシマホテルで都商会の人に会い、六十六万円をうけとり、ホテルを脱け出したときは、わくわくしていました。待っていたジミーにあうと「新しい服でも買って、太陽ホテルでしばらく様子を見ていろ」といわれ、そのとおりにしました。ホテルではお金をかくし、一日部屋にとじこもっていましたが、不安でした。心細くて、早くジミーに会いたかった。けれど、来たのは彼ではなく警察の人でした。警察ではははじめは虚勢を張って、強いことをいいましたが、落ちついてみると、悪いことをしたとしみじみ思います。どんなに叱られても、やはり家へ帰りたい、これからはまじめになって、英語の家庭教師でもしたいと思っています。ジミーとは、もう別れられないのではないかという気もする無智な親が気付かずに娘の家出のお手伝いをしていた話である。東京に働いている娘が毎日八時までに鎌倉に帰らねばならぬとは、ムリな話だ。それほど心配なら首にクサリをつけて、つないでおくに限るな。映画ぐらい見たいのは当り前だし、娘が一人前になって働きにでた以上は、恋愛するのが当然と心得、よき恋愛をするように協力した方が策を得ていたであろう。協力してもマチガイは起きがちではあるが、マチガイに罪悪感をいだかせず、再びその愚をくり返さぬイマシメとして役に立つことができれば、それは一つの人間の進歩で、それでも結構なことである。第一話でも述べたように、少年少女というものは、大人の門が眼前にあっても、そう軽率にくぐりはしないものだ。子供の自発的なブレーキに理解がなく、徒《いたずら》にシツケの厳格を誇るのは手前勝手で、子供が反逆して事を起すに至っても、自分がお手伝いしていたことには気付かず、親の義務をつくしたことを確信しているのが多いらしい。

十時に帰って来た娘を締めだして、戸を叩いても中へ入れず、とうとうお手伝いの仕上げを完了するとは恐れ入った低脳の両親である。相当の社会的地位にあり、一通りの学問はあるのだろうが、何を学んできたのかしらん。人間の心理をといた小説をよんでも、それぐらいの子供の心理に通じるのはヒマがかからない。教育をうけない労働者でも、自己への省察や周囲の事実からの無言の教訓だけで、一通りの心理通になっているのは自然なのだが、男女社員を率いて長と名のつく人物で、こう低能なのは不思議でワケがわからない。

映画も見たいし、ダンスもたのしいし、銀ブラも、レストランをおごってもらうのも愉しいという娘の心境は非難すべきところはない。そういうことがキライ、家事が好きだッたり、読書や学問が好きだという人にくらべて、彼女の方が道徳的に低いということにはならない。好き好き、趣味の問題である。私が女房を選ぶんだッたら、家事が好きだという型よりも、遊びの好きな型の女を選ぶ。その方に魅力をひかれるのだから。これも好き好き、趣味の問題で、あげつろう性質のものではない。

娘が多少の自由を欲した気持は当然で、八時という門限をきめて反逆のお手伝いをしていた両親の低脳ぶりの方が、バカバカしくて話にならないのである。罪悪感を他に転嫁する口実が成りたてば、子供は潔癖好きのブレーキをすてて、好奇心の方へ一方的に走りたがる。そんなに疑るなら、疑られるようになってみせるわ、というようなインネンのつけ方は子供には最もありがちな通俗なものだ。誰の胸中にも善悪両々相対峙しているのは自然で、その対峙を破って悪の方へ一方的に走りだすのは当人にも容易ならぬ覚悟を要するものであるが、それを最も簡単に破らせ易いキッカケとなるのは、親がそのことで疑りすぎてヤケを起させた場合。娘の方もいくらか悪いところがあるようだ。なぜならヤケまぎれに一方的に走りだす口実を得ても、実際にそれをキッカケにして踏み切る娘よりは、まだ踏み切らない娘の方が多いだろうからである。しかし親の低能が、それ以上、はるかに甚しいのは当り前のことだ。

いっぺん踏み切ってしまえば、あとは男次第。男が女を愛してくれて、両親との生活よりも楽しい生活を与える力があれば、娘はソッちに同化する。踏みきった以上は、それが当り前で不思議はない。男が詐欺の常習者と分っても、お金に不自由なく、女にゼイタクをさせ、可愛がってくれる以上、その生活に同化しても、娘が性本来悪を愛する悪質の女だという理由にはならない。踏み切った以上は、どうなろうと男次第というのが普通の女で、要するに踏切らせた親の無智無能がひどすぎたと解すべきである。男の生活に同化するから男次第で荒れもするし、淑《しとや》かにもなるのは自然で、詐欺師と豪奢《ごうしゃ》な生活をし、またゼイタクの反面、ホテルの支払いに苦しんだり、一仕事企んで切りぬけたりしていれば、それ相当の女らしくなるのも当然。捕えられて「お金さえ返せばいいんでしょ」と平然たる有様であったと新聞に報じられているが、右から左へモトデいらずで金が生れる生活に馴れていれば、それぐらいのタンカはきるようになるのが自然である。そんなタンカをきるように生れついてきたワケではなくてかなり多くの平凡な女が、彼女のようなコースを辿る素質があるのだし、同じコースを辿れば同じようなタンカをきるようになるであろう。かえって本当にずるい人間は、そんな時には、神妙にして見せる技術を心得ているもので、それはもう中学生ぐらいからその手腕を発揮するものだ。

「ジミーとはもう別れられないのではないかという気もするのだが」

と手記を結んでいるところ、とにかく、ウスッペラで、これも低脳な娘にはちがいない。彼女がたのしかったのは、ジミーよりも、彼の手腕による豪奢な生活であったろう。ジミーが捕えられて出所したところで、手に職があるわけではなし、財産があるでなし、詐欺の特技を封じられれば、楽しい生活はできやしない。人間は現在にてらして未来を考えるのは当然であるが、捕えられたジミーが過去同様未来に於ても華やかであるか、それについて当然考えてみるのが普通の智能である。彼女には、その智能もなく、考えてみること少く、甚しくウスッペラだ。左文は保釈で出て、母と一しょに天理教のタイコをたたいてお祈りしている写真を見たが、これは又バカバカしい。いずれ三転、そうでなくなるであろうが、この娘も同じようにバカバカしい。この経験を良い方に生かして再起する実力を蔵しているかどうか、大いに疑しいであろう。たまたま良い男にめぐりあってその男の力で再起する見込みはあるが、自力で再起する素質や実力はないようだ。又、他人に転嫁して踏み切って、そういうことを繰返さなければ幸いである。もっとも、それを繰り返して悔いがないなら、それも結構。不和の良人《おっと》との堪えがたい生活を忍び、ほかに行き場も経験もないのでただ涙にくれているような夫人にくらべれば、当然この娘の生涯の方が悔いなきものだし、そういう計算をすれば、各人各様いろいろの答えを出すべき性質のものであろう。踏み切った時が運命の岐《わか》れ目かも知れない。素質があっても、必ずそうなるというものではないだろう。しかし、この娘の場合に於ても、智脳の低いのが、運命をひらき、智能相応の素質だけ呼びさましているようだ。とにかく悧口《りこう》になることは大事なことだ。誰でも一応その人間の限界までは悧口になる素質があるのだから。

第三話　税務署員に殴られた婦人の話　竹内すゑ（四十四歳）

私は東京の新宿区に住み、十八を頭に四人の子供があり、主人は経師屋《きょうじや》です。ところで、税金で頭を痛めるのは何処様でも同じことでしょうが、税金ではほんとに身を切られるような想いを致します。昭和二十四年度の所得額は六万円と申告して、その一期分と二期分、おのおの千三百八十九円を納めました。税務署の方ではそれを十八万円と更正決定して来ましたが、実収入はとてもそんなにありませんので、異議申請をしました。すると、その決定はやはり十五万円余りで、税金の滞納額二万七千円に対して、去年の九月初めに、火鉢、茶ぶ台、衝立の三点を差押えられてしまいました。

それから一月ばかり経った十月の十三日、丁度主人の留守中に、四谷税務署の二十二三の若い方が、人夫三名とトラックで差押えの引上げに見えました。その態度の横柄な事といったら全く言い様がありません。余り不体裁なので親類から借金して新しく入れた表のガラス戸をじろじろ見ていましたが、入って来るなり「今日は……大分儲かったなあ」と、こういった調子です。そして、早速仕事にかかりましたので私も茶ぶ台を上り口まで運んで手伝いました。

火鉢は重くてとても私の力では運べませんのでお願いしました。税務署の方の態度が余り乱暴なので、私も失礼だとは思いましたが「なるほどその火鉢は差押えになったでしょうが、まさか灰や炭火までは差押えになったんではないでしょう。私達貧乏人にとっては灰を買うんだって大変ですから、灰はそこの土間にうつして行って下さい」と申しました。税務署の人はその通りにしましたが、辺り一面灰神楽《はいかぐら》になったので、私は布切れで上り口をはたきました。

それから調書に表のガラス戸四枚を追加して書き入れながら「判を借せ」と云うのです。そこで私は「主人が留守ですから判をお借しする訳には参りません。それにあのガラス戸を外されたのでは、奥が丸見えですし、盗難を防ぐ訳に行きません。若《も》しどうしても外すとおっしゃるのなら、主人の居る時にして下さい」と言って判は渡しませんでした。

その後、一旦奥に行ってまた店に出てみますと、もうガラス戸を一枚外して、二枚目に手を掛けようとしているではありませんか。私は跣足《はだし》で飛びおりて「それだけは勘弁して下さい」と必死になって頼んだのです。すると、いきなり拳固《げんこ》で私の右の眼の下をしたたか撲《なぐ》りつけました。その一撃でカッとなった私はその後のことはよく覚えてませんが、目撃者の話によりますと、その猛烈な一撃の後、平手で五六回たて続けに打たれたのだそうです。

目撃者といえば、近所の人も数人ありますが、その時たまたま表を通り合せた村田という若い方が、見るに見かねて近くの交番にその由を知らせて下さったので、お巡りさんが早速現行犯を捕えるのだといって馳せつけて呉れましたが、もうその時は税務署のトラックは引揚げた後でした。さすがにそのガラス戸は残して行きました。

子供の知らせで驚いて馳せ帰った主人は早速、警察へ行って詳しく話しましたが一向に埒があきませんでした。

その晩、四谷税務署から課長さんとも一人の方が本人を連れて詫びに来ました。課長さんは「飛んだ粗相をして全く面目もありません。あの人の家は農家で今景気が悪く、クビになると生活できないからどうか寛大な処置を」としきりに詫びていました。

その応対に出た夫は「兎に角、自分も今昂奮《こうふん》しているから、また出直して貰いたい」と云って税務署の方達には帰って戴きました。ところが、その後十日近く経っても何の挨拶もないので、十月の二十三日近所の人達三十名ばかりと一緒に主人は税務署に出掛けました。署長さんは主人と代表四名に会って呉れましたが、その席で「自分の部下に落度はない。あの晩、税務署から三人行ったのは事実の調査に行ったので詫びに行ったんじゃない。むしろ公務執行妨害だ」と申されたので、その帰途、主人は肚《はら》を決めて告訴したのです。

あの人独りではないでしょうが、近所の人達も、大衆に接する税務署員に若い人が多く、横暴な目に余るような言動が多いと云ってみんなこぼしています。公僕として親切であるべき人達がこんな事でよいものでしょうか。私は敢えて抗議する訳です。

これは係争中の事件で、手記の婦人は原告でもあるし、被告でもあるそうだ。したがって、犯人の手記のようにそれ一ツ独立の対象として論議しうるものではないが、あいにく殴られた婦人の手記だけで殴った方の言い分も、証人の証言もないから、この手記を一方的に信じて書くのは不当であるが、私は元々紙上裁判しようというコンタンがあるわけではなく、およそ裁判官的な意識は持っていないのである。

殴ったか、殴らないか、それを見分けて正邪をつけるのは、私のやることではない。しかし法律というものは、その網の目をくぐる要領を心得て、表向きが要領にかなっていると、どうしても罪にならない仕組みであるから、たよりないものである。私はラジオ探訪を聞かないから分らないが、人にきいたところでは、税務署側は殴ったのではなく、婦人の方が逆上してフラフラよろめいて勝手にぶつかったというような意味のことを云っている由であり、証人の言葉は？　ときいたら、これはハッキリ覚えておらんそうで、この結果が法律的にはどういうことになるのか、私には見当がつかないことだ。二週間外へも出られなかったという婦人の顔の怪我も治ってしまえば本当かウソか医者にもかかっていないから立証の余地がない。目撃者の証言がどこまで事実認定の証拠たりうるか、言葉の証言だけで他にヌキサシならぬものがないようだから、素人目には、この法律的な判断はどんな結論になり易いのか、とても見当はつけられないのである。

しかし、この事件が一税務署員の悪質きわまる行為から起っているのは疑う余地がない。

表戸のガラスを差押えの品目に加え、それをはずしにかかるとは呆れ果てたことである。泥棒の殴ったの殴らぬよりも、こッちの方がもっと悪質きわまる弱い者イジメであろう。泥棒の心配はしなければならぬし、真冬の寒風は吹きこむし、不安や健康を損うような破壊を置き残して、その程度の差押えの仕方については悔ゆべきところもないらしい日常茶飯事らしいから、言語道断、まったく鬼畜の行為が身についているのである。法律がこれを罰しうるかどうかという問題などは下の下であろう。

個人の責任に於て威張るのはまだよろしいが、権力をカサにきて無道をはたらき弱者をイジメル役人は困りもので、国民たちの一番大切な毎日毎日の生活が直接このような役人とつながり、その支配下にあるのだから、やりきれないのである。どうも、日本人は、役人に向かないようだ。この役人が役人でない時は鬼畜の性を発揮する人間ではないのであろうが、ひとたび役人となると、威張りたがり、あげくに鬼畜性をふるって弱者をイジメたがる。軍人でも政治家でも、どうも特権をもたせるとガラリと変る性癖があって、当分のうちは誰が役人になっても役人に特権のある限りダメだと覚悟をきめる必要があるらしいから、なさけない話である。

それにしても、戸のガラスまで外して持って行くようなことを全ての税務署員がやる筈はないと思うのは当然であろうが、これも疑わしいフシがある。殴ったとか殴らないとか、法にサシサワリのある点だけ一応詫びる必要があると思っているようだし、もっとも税務署は詫びたんじゃないと云ってるそうだが、どッちにしても戸のガラスを外したことなど問題にもしていないところを見ると、これが彼らの通常の心事であり処置であるように判断しなければならないようだ。

詫びに行ったのではなくて、事実の調査に行ったという言い分は面白いな。どういう事実を調査に行ったのだろうね？　この手記にある限りで判断すると、殴られた婦人の一家はその日はまだ殴られたことで税務署へねじこんではいないのである。応待した良人は、とにかく今日は自分は亢奮《こうふん》しているから後日にしてくれと言っているから、この日彼がすすんで税務署へでかけている筈はないのだ。

もっとも彼は警察には訴えたが埒があかなかったと記してある。すると、警察が税務署へ電話でもしたのかも知れないが、事実の調査というものは先ず警察のやるべきことで、当事者自身がやるべきことではないだろう。警察が自身調査もしないで、当事者に電話をかけて、彼自らに調査をゆだねるようなことが有りうるのだろうか。

誰から話をきいて何を調査に来たのか、まことにどうも雲をつかむようである。

自分の方に落度がなくて、むしろ公務執行妨害だというのがまた面白い。公務執行妨害という大そうな罪があるなら、例の事実調査の直後にやるのが然《しか》るべきようだが、先方から捩《ね》じこまれるまで問題にならない悠長な罪があるものらしいや。どういう点が公務執行妨害になっているのか、そこのところが知りたくて仕方がない。

殴ったのか、殴らないのか。それはどうでもいいや。たとえば税務署の言うが如くに、この婦人が逆上してフラフラして勝手にぶつかって怪我をしたにしても、彼女が逆上するのは当然。女一人の留守宅へきて戸のガラスを外しはじめれば、取りみだすのは当り前だ。躍《おど》りかかって首をしめて女の金歯を抜きとる方がもう少しユーモアがあるかも知れん。おもむろにカミソリをとりだして女の髪の毛をジョリジョリと丸坊頭にしてしもう。これをカツラ屋に売るとガラス四枚ぐらいの値段にはなるかも知れん。平安朝の昔に、一人の百姓が婚礼のフルマイ酒に窮してお寺の坊主から二斗のお酒を借りた。返さないうちに病気で死ぬことになったので、坊主が枕元へきて、コレお前や、借りたものを返しもしないうちに死ぬなどとはいけませんよ、死んだら牛に生れ変って私の寺へきなさい、四年働くと借りたものを返したことにして許してあげるから。百姓は仕方がないから、泣く泣く牛に生れ変って四年間働いて、どうやら成仏させてもらったそうだ。平安朝の昔は坊主も特権階級だった。百姓の両腕をもいでお寺へ持って帰っても、両腕が毎日野良をたがやすことができやしないね。牛に生れ変らせて四年間コキ使って貸しを取り返したとはアッパレなものだ。

しかし、本当に殴っておいて、殴らないと云ってるのだったら、こういう役人に占領された日本はもうダメだね。日本を叩きこわした方がいいや。

大岡越前守

男子は慰藉料をもらえないという話

婚姻予約不履行による慰藉料損害賠償請求事件の訴状

中央区京橋八丁堀、吉野広吉方でクリーニング業に従っていた原告、羽山留吉は、昭和二十三年六月八日新堀仲之助氏の口ききで被告中山しづと見合の上新堀、吉野両氏夫婦の媒酌で、同年八月十九日三越本店式場で結婚式をあげ事実上の婚姻予約をなした。

しづの姉婿、加藤律治氏は杉並でクリーニング店を営み、しづは同所に居住している関係上、羽山はしばらく同所でしづと同棲、仕事を手伝ってもらいたいと懇請され、長年の得意をすてて、その言に従った。

挙式後、同夜は一回、夫婦の行事があったが、その翌日よりは、いかなるわけか、しづは羽山とは言葉を交えず、三晩後、しづは板の間でジュウタンをしき別に床をとって独寝し、羽山は重大な侮辱をうけた。羽山はしづの真意を解するに苦しむも、誠心誠意をもって、時には媚態を呈し、種々話しかけたが、しづは口をとざし、頑として答えなかった。

羽山は万策つき、加藤律治氏にその由を打明けるなど努力したが、そのうちしづは「最初から羽山は好きではない、側からよいよいといわれ結婚しただけで、寝床を別にするのは子供が出来ないようにするためだ」と公言し、羽山との婚姻を破棄し、婚姻予約を履行せざることを確認した。

羽山はしづの許に寄寓し、多くの得意を失った損害は実に甚大である。さらに、しづのため男子一生の童貞を破壊されたことの精神的打撃は言語に絶する。

よって、物質上の損害は、金十万円、精神上の損害は慰藉料金二十万円に値いするものである。

中山しづの姉婿、クリーニング業加藤律治の証言

しづは私の家内の妹です。新婚後の住居については現在住宅難の時代でもあり、しづは一人で店の留守番をしているのだから、世の中のおさまりがつくまで、しづの所で働いた方がよかろうと申しました。

しかし、しづは結婚前の交際の頃、二人で東劇へ行った時、原告は帽子もかぶらず、アロハシャツをきてきたので、いやであったとかいっていました。

八月の終頃、羽山が猛烈な下痢をおこし、しづは感染してはまずいと思い、ジュウタンをしいて別に床をとって、寝たようですが、しづに夫婦関係はどうかとたずねたところ、ふつうにつとめているといい、そんなことは聞くものではないといわれました。しづは神経質で気に入らない時は私の顔を見るのもいやだというほどでした。

羽山が家を出て後、吉野氏と羽山が一しょに参り、吉野氏は私を馬鹿野郎よばわりし三十万円出せといいました。

羽山留吉（当時三十歳）の供述

結婚の当日、夫婦の交りを一回だけ致しました。その時、しづは男女の交りの経験はないようでした。また交りを結ぶに当って不同意を示したことはありませんでした。私はいままでに異性と関係したことはございませんが、夫婦の交りはできました。

二日目しづは身体がわるいといい、床は二枚しき、交りを要求すると被告はさけました。(中略)私は父は亡く、母はあります。

財産はありません。中山の方には財産もあり、たしか、山林があると聞いていました。しづが私の方へ来ればいつでも引きとります。

中山しづ(当時二十九歳)の供述

見合いの時、同じ商売だったので、相手は何もないけれど、結婚しようと思いました。

挙式当日、羽山の義兄の家へ行ったところ、先方は少し酔っていて、「男のバカと女の利巧はちょうど同じだ、生活力では男にはかなわないのだから、夫を大事にしろ」「亭主の好きな赤烏帽子《あかえぼし》という意味を知っているか」などといわれ、あんな風に私が侮辱されても、羽山は何ともいってくれないのかとさびしく思いました。

結婚の最初の日は夫婦の交りをしました。二日目は一緒にねましたが、体の具合が悪かったので夫婦の交りは断りました。出血がひどく、はじめは夫婦の交りのためであると思っていましたが、それが五日ばかりつづきましたので、月のものだとわかりました。私はそれまで男の人と交りをしたことはありません。私が別室にねたのは五日目位かと思いますが、それは羽山が下痢をしていたからです。(中略)仲人の新堀の奥さんがきて「羽山を好きかどうかそれだけ聞かしてくれ」といわれた時、私はこんな状態では愛情がもてないといいました。羽山と話をもどすことは全然、考えていません。

判決

「主文」

被告は原告に対し、金三万円を昭和二十三年十月二十日以降、年五分の利息と共に支払うことを要す。原告のその余の請求はこれを棄却する。訴訟費用はこれを十分し、その一を被告の負担とし、その他を原告の負担とする。

「理由」

（前略）原告は本件予約を解除する正当の権能を有し、しかして、さらに原告は被告に対し損害賠償を求めることができる。右損害は金三万円と認定すべきものである。

けだし、原告本人の供述によれば、原告はクリーニング請負によって月約三万円の収入をあげており、純益はその五割で、原告は本件婚姻予約のため、ほぼ二カ月休んで原業に復したることを認めることができるからである。

原告は慰藉料金二十万円を請求しているが、慰藉料を請求し得るのは女子のみで、男子はこれを請求し得ない。これ、女子の貞操喪失すなわちその純潔の喪失に対する社会的評価と男子の童貞の喪失に対するそれとの相違にもとづくもので、これを同一に評価することは法律上妥当でない。

よって、当裁判所は原告の本訴請求中、金三万円の損害賠償の部分を理由あるものとして容認し、その余の部分、および慰藉料請求は失当として、これを排斥する。

(東京地方裁判所民事第一部、裁判官、安武東一郎)


この判決に対して二三反対の言葉を新聞紙上で見た記憶がある。誰か女の人の側で、男女同権にもとるという意味の反対があった。男の貞操も認め男の子にも慰藉料をやるのが同権にかなうという意味であった。女の子ばかり貞操を要求されちゃかなわんというフンマンでもあり、よって男の子にも貞操を要求し欲しけりゃお金ぐらいくれて追んだしてやらアというケナゲな精神であるが、自分でお金を稼いでシコタマ握っている女の子がタクサンいるとは思われないが、どこから慰藉料をひねりだすツモリやら、みすみす損をなさることはありませんな。

この判決は妥当であろう。裁判というものは理想にてらして行うものではなく、現実に立脚してやるものだ。裁判を理想にてらし、たとえば男女同権の精神にもとづいて、現実を無視してやったら、いろんな痛快な判決はできるだろうけど、その後始末がつかないでしょう。男の子は喜び勇んで我も我もと慰藉料を請求したいにきまっているが、女の子は払ってくれないね。

日本の現実で考えて、まア大体に於《おい》て男の貞操にはたしかに値段がありませんな。性病の有無というようなことは結婚の支障となるかも知れないが、童貞であるか、ないか、第一、鑑定の仕様がない。しかし、ここに、お金持の姫君の聟《むこ》たらんことを一生の願いとして日夜イナリ様に願をかけ親も息子も茶だち酒だちして学を修め芸を習いひたすらに良縁を待ちこがれているケナゲな一族があったとします。念願かなってお金持の姫君へ聟入りできたが、哀れにもあんまり気がはりつめたか翌朝から下痢を起して、姫君にいやがられ、再び同衾《どうきん》を許されなくなってしまった。そこで離婚訴訟となったが、かく戸籍に傷がついては、男は再び金満家へ聟入りすることができない。そこで失われた童貞に対して慰藉料請求となった。なるほど。こういう時には問題だね。童貞の値段は大アリかも知れん。

このバカモノめ！　男のくせに自分の腕で食べようとせずに、金持のムコを一生の念願とするとは何事か！　と叱るわけにもいかないね。男子たる者は金持のムコを望むべからず、という規則があるわけではない。聖賢の戒めの中には多少似た意味のことがあるかも知れんが、聖賢の戒めが凡夫の生活を律しうるなら、天下に法律などの必要はありませんさ。

原告のクリーニング屋さんも、余は金持のムコたらんことを一生の念願とす。かく童貞の純潔を汚されては再び良家のムコたるあたわず。よって、慰藉料をよこせ、と申したてると、判事も若干おこまりだったかも知れん。慰藉料を請求しうるは女子のみにして、男子はこれを請求するあたわずと、簡単に断定するわけにはいかなかったであろう。

もっとも、六法全書かなんかに、そんな規則があるのか知らん。私の書棚にはかつて六法全書などというものが存在した例がないので何も心得がないが、そんなに憲法の如くにきめてかかった規則はないでしょうね。このクリーニング氏の場合には、請求できなくとも、男の子だって慰藉料を請求しうる場合がある筈である。つまりこの判事氏は表現をあやまっている。このクリーニング氏の場合に於ては、と云うべきであって、男の子は、と全般的に言うべからざることではないかと思われる。

だいたい裁判というものは、個に即して判定すべきものだ。女の子は、とか、すべて男の子は、とか、全般的に言いきるのは哲学者かなんかのやることで、裁判官のやるべきことではなかろう。普遍的な公理のようなものを仮設して、そこから一クリーニング氏の場合の結論をだすというのは、論戦の要領を心得た人間のやることではないね。彼の仮設した公理に攻撃をくらい、こういう場合はどうだ、こういう場合はどうだ、とやられると、一ツくずれただけでも、すぐ足元がぐらつくね。そういう危険な方法を用いて論証するというのは、論戦の初心家のやることで、そんな余計なことを云わなくとも、ただ一クリーニング氏の場合についてのみ判断すればよかったのである。私自身の見解を云えば、私もこのクリーニング氏は童貞を失ったということで慰藉料をせしめる理由がなかろう、と考えている。しかし、ほかの日本の男の子の全部がどのような特殊事情があっても慰藉料を請求できない、ということを、そんなに易々と結論しうるものではなかろう。

だいたい、そんなに易々と全般的な結論がだせて、それで通用しうるなら、裁判の必要はないじゃないか。万事につけてそういう公式をこしらえて、それに当てはめて、これはダメ、これはよし、交通整理のようにスラスラ裁くがよかろうさ。

原告たるクリーニング氏の場合はシカジカの様式であるから慰藉料請求は当らないと判決すればなんでもないものを、慰藉料をもらえるのは女子だけで、男子はもらえない、と男の子全部のことまでズバリと云われると、世間の人はハッとするのが当然だね。クリーニング氏の判決のついでに、男の子全部に判決を下してはチト迷惑だなア。男の子だって色々とあらア。

裁判官というものは、どんなに予測しない事情のゴタゴタが起るか知れん、という前提に立って、常に当面するその物だけを相手に判断さるべきでしょう。すべてのゴタゴタがユニックでさア。公式が先立つわけには行かないでしょう。

クリーニング氏は夫人方の親戚へ住みこんでそッちの家業を手伝っておるから日常は孤立無援で、おまけに嫌っているのは確かに夫人の方だから、まア聟が追んだされると同じような心境を味い、慰藉料ということを思いつくに至ったのであろうが、そのへんの心境は同情はできるね。失われた童貞に対する慰藉料というと、彼氏の場合は妙であるが、その日常のサンタンたる心事に対する慰藉料といえば、それが金銭に換算できるかどうかはとにかくとして、彼氏の悲しかりし結婚生活の日々については同情がもてるのである。彼を嫌った夫人に比べれば、そして身辺に味方のいる夫人に比べれば、彼の心事に同情がもてるのは当然だろう。

夫人はいささかヒステリー的でいらせられるらしいが、一人ぎめの人生観が硬化状態にあって、ユーモアを解し、市井《しせい》の人情を解する柔軟性がない。自分の殻を破ろうとしたり、人を理解しようとするところが足りない。すでにコチコチにかたまって発育のとまったところがあるようだ。

だいたい御婦人の多くは結婚すると婚家の風にコチコチにかたまり易いものだ。もうそうなると、婚家以外のところでは通用しないような発育の止った状態になるが、婚家に通用する限りは、婚家にとってはよろしいわけだ。

ところがこの夫人は、結婚に先立ってすでにコチコチに殻ができて発育の止った硬化状態を呈している。こういう夫人と結婚し、そッちの家へ住みこんだクリーニング氏は、苦しかりし日々であったろう。

クリーニング氏の義兄がすこし酔って夫人に向い「男のバカと女の利巧はちょうど同じだ、生活力は男にかなわないのだから良人《おっと》を大事にしろ」「亭主の好きな赤烏帽子という意味を知ってるか」と、云ったそうだ。こんなに侮辱されてるのにクリーニング氏が何も云ってくれなかったからさびしく思った、という夫人の理解力の硬化状態の方がさびしいねえ。

これは侮辱じゃありませんねえ。むしろ義弟の新夫人たる人への愛情が主たるものです。

市井人のかなり多くは自分の弟だの義弟などの新夫人たる人にこれ式の愛情で新婚のハナムケの言葉としがちなものですね。それにとかく酔っていると、特に、こんな表現をしがちなものだ。つまり市井人というものは、酔いっぷりや、酔って言うことが概して似たりよったりのものですね。巷間いたるところにこれ式の酔漢の愛情を見かけることのできる性質のもので、当時二十九という小娘とちがって立派な成人でありながら、ありきたりの市井の人情風俗に知識も理解もないのが淋しいねえ。

彼女の姉ムコ氏の証言によると、彼女は神経質で、気に入らない時には姉ムコ氏の顔を見るのもイヤだという程だったそうだ。ツキアイにくい女なんだね。

結婚直後クリーニング氏が下痢したので、彼女は感染してはまずいと板の間にフトンしいてねたそうだねえ。衛生思想の行きとどいたところは実に見るべきであるけれども、亭主が伝染病になった時にも真にカイホウする者はその妻女である、という、これは規則や法律ではなく、単なる市井の通俗人情にすぎないけれども、かかる通俗人情が完璧にそなわらない純粋理性的細君というのに対しては、その亭主たる者は彼女をいかにモテナスべきであるか？　かのイマヌエル・カント氏すら純粋理性を哲学的にはモテナスことができても、すでにその細君には散々だったんだからね。わが哀れなクリーニング氏がいかにモテナシに窮し、また、日夜モテナシに腐心するところがあったか。女とは何ぞや！　彼氏はついにかかる大いなる疑問についてすら数々の不可欠の思索を重ねたかも知れん。

　哀れなクリーニング氏よ。御身も結婚前は敵がそれほど純粋理性的存在であるとは知らず、軽卒にも、また、楽天的にも、シャッポもかぶらず、アロハをきて、かの怖るべき理性的存在と一しょに東劇観劇とシャレたそうだね。時は昭和二十三年盛夏、アロハは流行の花形だものな。マーケットのアンチャンだけがアロハを着ていたわけではないさ。判事だの大臣だの文士だのはアロハを着なかったとはいえ、市井の若者にとっては流行は第一の美であるのさ。老人どもは常に彼らの若かりし日の流行を追想して現実に対しては悪罵とクリゴトをのべ、しかし、健康なる若者は常に彼らのみの美や流行を一身に負うべく、人間の歴史ある限り、市井の若者とは常にそういうもんじゃね。アロハそのものが美であるか、ないか、そういうことと問題は別個じゃよ。

　たしかに彼氏は軽卒であり、楽天的でありすぎた。しかし、アロハをきるとはいえ、マーケットのアンチャンとちがって、彼はそれまで女というものを知らず、金瓶梅《きんぺいばい》もチャタレイ夫人すらも読破した形跡がないのだね。結婚初夜に新妻をモテナス何らの技術にも不案内であったそうだ。

中山しづ女の答弁書に曰《いわ》く、

「羽山はなぜか夫婦の行事をなさず特に新婚の楽しみなるものをなさしめなかった。しづは処女にして、夫婦の行事がいかなるものか、いかにして行うかを知らず、自ら要求する術も知らず、むしろこれらの事柄は男子たる羽山が積極的に指導し愛撫すべきことは争うべからざる公知の事実である。それにも拘《かかわ》らず原告は故意にそれらの指導をなさず、温く抱擁することもなく、いわば木石の如き態度で新妻に接しもって処女を犯した」（下略）

名文だね。争うべからざる公知の事実だ。そうだ。争っちゃア、いけねえかな。パンパンを取りしまるとは何事だア！　チャタレイ夫人を起訴するとは何事だア！　だから一人前にアロハなんか着やがってるくせに新婚初夜に木石じゃないか。もって処女を犯す、か。どうも実に、カストリ雑誌の唄い文句じゃなくて、レッキとした訴訟の答弁書なんだからね。新婚初夜の行事に、処女を犯すという表現は、カストリ雑誌以外ではチト無理でしょう。もっとも、理窟で云えば、初夜は処女を犯すものには極《きま》っているが、そのために大目玉をくろうことは、きかなかったね。

こういう世界的な大文章で答弁するというのは、要するに、相手を反撃する事実自体に反撃力がそなわっていないせいだろうね。要するにさ。原告たるかのアロハはあまりにも経験深く老練にして、初夜に処女たる被告を混乱懊悩《おうのう》せしめ、神経質にして潔癖なる被告の信頼を失うに至りたり、というような文章だったら、チットモ大文章というものじゃなくて、とにかく語られた事実の中に真実の力量がこもっているのさ。

アロハ氏の曰く「時に媚態を呈して奥サンに懇願した」とね。アッハッハ。しかし、アロハ氏の苦心察するに余りあり。席を別にして板の間に寝られたり、彼氏の新婚生活は日夜に不可解の連続で、まったくどうも神経衰弱気味にもなろうというもの、彼氏が慰藉料を請求したい心境になったのは、同感せざるを得ないのである。

しかしさ。判事氏の云う如く、たしかにアロハ氏の童貞には値段がないだろうね。失われた童貞にもしくは童貞を失ったことの精神的損害に慰藉料を請求したって、元々値段のないものにその失われた損害を払って貰えないね。しかし、童貞を失ったこととは別の精神的な損害に対しては、どうだろうね。以上私が大ザッパに述べたところからでも、アロハ氏の方が被害者の立場にありと私は見る。新婚に破綻した以上、夫婦どちらもその悩みの切なさは先ず同格であるにしても、被害者たるの立場はアロハ氏なるべしと私は見る。この精神的な損害が慰藉料になるか、どうか、これは問題のあるところだろうと思うが、私は現行法律の判例を知らないから、法的に何とも判断はできない。

判決によると、訴訟費用はこれを十分して女がその一だけ負担し他の九は男が支払うとあるが、私は精神的に被害者たる原告に慰藉料をやることができなければ、訴訟費用はまるまる女に負担させてせめてツグナイとさせるね。アロハにその十分の九まで負担させるのは残酷ではないかねえ。私は被告たる純粋理性的存在よりも、原告たるアロハ氏の方に甚しく多くの同情すべきものを認めるのである。

しかし市井に、また農村に、こういうチグハグな結婚の例は少からずあるだろうねえ。そして訴訟も起す分別なく涙をこらえている男女がタクサンいることだろう。そういうモロモロの場合のうちで、アロハ氏は別に女房をひッぱたいたわけでもなく、刃物をふりまわしたわけでもなく、さればとて独立の生活能力がないわけではなく、チャンと仕事は一人前で、女房の生計をも負担しているようであるから、哀れ悲しく無気力ではあるが、決して多くの落度する人間の部類にはいらないようだ。忍従したのは明らかに彼の方であった。

もしも私が判決を下すとすれば、訴訟費用は被告たる純粋理性的存在に負担させ、二カ月間の損害三万円のほかに、その二カ月間女房がアロハ氏に扶養せられた食いブチなにがし、小額といえども返還させて、被害者たるアロハ氏の不運なりし新婚生活の労に報いる一端としたいね。

さて、最後に残ったのが、結婚初夜に於ては男子は木石の如く処女を犯すべからず、これ争うべからざる衆知の事実なり云々という大文章の問題であるが、これは法律じゃア解けそうもないねえ。大岡越前かなんか粋な旦那がいて、原告のポケットの中へそッとチャタレイ夫人でも忍ばせてやるのがオチであろうが、すると忽《たちま》ちどこからともなく検事が現れて、ワイセツ文書ハンプの罪というカドによって越前守がからめとられてしまう。クワバラ。クワバラ。

一晩に七万四千円飲んだか飲まないかという話

新興喫茶でボラれたという杉山博保（三十一歳）の話

いや、おどろきましたね、七万四千七百円の請求をされた時には。七千四百七十円の間違いかと思って、何度も見なおしました。せいぜい二十本ものんだかなと思っていましたからね。酔うと、大体が気が大きくなる方で、威勢よく注文したことはしたんですが、酒が六十六本、ビール七十八本、お通し六十三人前、イセエビ五皿、タコ二十八人前、マグロサシミ二十五人前、果物五皿、シャンペン一本、スシ十人前、それにサービス料二割――

仕方がない、はらいましたよ。なにしろ、現ナマはもっていたんですからね。だが、酔いも消しとんじまいました。自分の金じゃなし、しがない古衣商、それもお客からあずかった金でした、どうやって返そうかと思うと気が滅入るばかり、シャクにさわってならない。そこで、駅前の交番へ、かくかくと訴えたわけです。自分から入ったわけじゃなし――そうです、渋谷駅前で引っぱられたんです。

渋谷宇田川町、サロン春のマネージャーは語る

ボッたなんて、とんでもない。大体、あの人は風態がよくない。こんなところへ来るようなタイプではなかったようです。女給だって、引っぱっちゃ、いませんよ。あんな客は相手にしません、むこうから、「遊ばせてくれ」ともちかけてきたんです。だから、三十万もっているの何のと強がっていたんですが、どうも信用ができない。恐る恐る出してたほどです。それでもキャッチになるんですからね。街頭に立つのが、そもそもいけないというのです。

勘定はきちんとしています。それは公安委員会でお客も認めています。帰ると、その足で、交番へ行ったんですからね。卑怯なお客です。後味が悪いですよ。

近頃はタチの悪い客が多くなりましたよ。散々のんでから、「キャッチしたじゃないか、警察へ行こう」って調子、こっちは弱い立場ですからね。キャッチに出なければ、商売にならない状態なんです。しかし女給のすじはいいんです。有夫が三割、未亡人が二割、あとは独身ですが親を養ったり、兄弟を学校へやったりする感心な

人が多く、みんな生活のためですよ。悪どいことをするという話も聞かないではありませんが、よくよくのところです。

しかし、大体、新興喫茶で、女の子にサービスさせておきながら、ノミ屋なみの勘定ですまそうとする客はヤボですよ。あんな客はもうごめん、こりごりですよ、こんなにいためつけられちゃ。


この話は、私は新聞でよんだ。雑報欄のような小さな欄にでた記事であったが、こういうバカげた話になると、われに神仏の加護があるのか、見逃さないからフシギだね。オールの記者も御同様と見えて、チャンと手記を持ってきました。

この話は身につまされるね。私に限ったことではないが、酔いどれどもは一読ゾッとわが身のごとく肝を冷やし、つづいてゲタゲタ笑いだすところであろう。オールの記者が身につまされて手記を持参した気持は大わかりというところである。

私もずいぶんこんなことをやった。酔っぱらって気が大きくなって、酒場へのりこんであれを飲めこれを食えというバカ騒ぎをやらかす。しかし私一人ということはなく、身辺に必ず二三誰かが一しょにいて、だれかが前後不覚からまぬかれているせいかも知れん。こう目の玉のとびでる大勘定をつきつけられたことはない。

しかし、一人で行くと、よくないね。私がこのような経験に会ったのは、待合だね。九段にひどい待合が一軒あった。客が風呂にはいってる時、ポケットやカバンの中を改めて所持金みんなしらべるらしく、いつも持ってる金額のうち自動車賃が残る程度の大勘定をつきつけられた。私の友人達もみんなやられて、大勘定に悩まされたが、お客の方はほかへ行けば済むことだから、誰も行かなくなった。しかし我慢できないのは土地の同業者で、他の待合と芸者連が結束してダンガイし、この一軒の待合がぼるために九段全体が客を失い悪評を蒙《こうむ》るに至っていると満座で吊し上げを受けたそうだ。いかにぼッたか分るのである。

三業組合というようなところでは、待合芸者結束してボリ屋の一軒を吊し上げるという壮挙を敢行して土地の自粛をはかることはありうる。なぜなら、待合も芸者もその土地についており、お客もその土地につくもので、土地の繁栄は業者全体の繁栄に関係するから、一軒のボリ屋によって土地についた客を失うことを怖れもする。

しかし、カフェー、新興喫茶、それに女給というものは、こうではないね。女給はその土地にもその店にもついてやしない。転々とどこへでも身軽に行けるのだ。だから、その店がいくらボッたって、結束して店を吊し上げる必要はない。第一、土地についていないから、結束することも不可能である。

銀座のバアは、お客も経営者も女給もあんまり変動がなく、まア無難だね。

街頭へでてキャッチするというところは、そのこと自体が違法であるのに、罪を犯しても客をひッぱりこまなければ成り立たんというのだから、ひっぱりこまれた以上は、タダではすまないのは当然であろう。しかし酔っ払いはブレーキがきかなくなってるから、目玉のとびでる勘定をつきつけられた例は、大方の酔っ払いが経験ずみだろうと思う。

今はどうか知らないが、去年あたりまでは、相当な身なりをしていれば、お金がなくともひっぱりこまれたものだ。外套でも上着でも腕時計でもカタにとって店から突きだす。

むろんこういう山賊式の商法はほめるわけにはいかないが、この道に山賊ありと知って夜道にかかる方もたしかにいけなかろう。酔っ払いにも罪はあるのさ。つまり、自業自得という奴だね。

しかし、この古衣屋氏の大勘定には、おどろいたねえ。私はバカげた飲んだくれぶりでは歴戦の勇士で、性こりもない点では人後に落ちない方である。酔っ払って、他の酔っ払いの為し得ない放れ業は数々これを行い、諸方に勇名をとどろかしたものであるが、こういうバカげた大勘定をつきつけられたことはない。

浅草の浮草稼業の役者仲間に、ハライ魔という言葉がある。私などがその筆頭なのである。酔っ払うと者ども続けと居合す男女をひきつれて威勢よく飲みまわり、威勢よく勘定を払う。翌朝のことは云わぬが花で、とにかくその時は威勢がいいや。ジャンジャンのみ食らいジャンジャンジャン払う。人に払わせない。こういう熱狂的人物を払い魔というのである。浅草人種はうまいことを云うよ。ああいう落伍者地帯には、常にピイピイしながら人に勘定を払わせない怪人物が常にあちこちに棲息するのである。お金持ちの集りには、こういう怪人物は棲息していないものさ。

しかし私のような性コリのないバカ者でも、十名ひきつれて飲みまわっても一晩に七万四千七百円なんてことは、とても、とても、有りうべからざることだったね。たった一軒それに近いのが九段の例の待合であった。

しかし、この新興喫茶のマネージャー氏の言は痛快すぎるね。こう痛快に云えたらさぞ気持がよかろうさ。今どき客の方から「遊ばせてくれ」と頼む人物がいるようなら、無数の女給が街頭に林立してひしめくことはなかろうさ。だいたいあの客は風態がよくない、とくらア。実に痛快な言葉だね。はじめて現れた風態のよくない客に、注文に応じて、怖る怖る七万四千七百円の品物を出したというが、怖る怖る七万四千七百円だすという手品使いがいるんだねえ。こんなお人よしの手品使いに三日間でも飲食店のマネージャーが勤まったらフシギだね。このセチ辛い世の中に生きているのがフシギさ。

マネージャー氏の痛快すぎる言い方に対しては私は甚だ反感を覚えるけれども、女給が街頭へ現れて客をひくような商法の店ではカモをオメオメ逃す筈はなかろう。彼氏の店だけのことではなく、客ひきをやる店はみんな同じ山賊商法と心得てマチガイはなかろう。ただ程度を心得てる店と、そうでない店があるだけのことであろう。

ここに山賊ありと心得たら、近づいてはいけないね。山賊に近づく以上は、してやられても仕方がないという覚悟がいるのだ。

昔から講談などにもよくあることだが、主家の集金の帰りなどに、バクチに手をだしたり女にひっかかったりして身を亡す。集金に旅立つに先立って、主人とか父母とかが、お前はふだんはマジメでマチガイがないが、酔っ払うと気が大きくなって、マチガイを仕でかす。主家の金を預ってるうちは一滴ものんではいけませんぞ、というような注意をうける。それでもダメなんだね。

今も私の住む静岡県でミカンの集金人の行方が知れない。彼も出発に先立って、お前さんは酒が腹にはいるとガラリと変る人だから、人様の大金をあずかってるうちは一滴も飲まないように、というような注意をうけて出発している。彼がその夕刻横浜の集金先へ現れた時は、すでに相当の酒がはいってるらしく真ッ赤な顔をしていた。そしてカバンを叩いてここに百何十万円かはいってるんだと威勢のよい見得をきってみせた。そして汽車に乗りおくれちゃ大変だと急いで去ったがそれッきり行方が知れない。たぶん殺されたらしいと目下大々的に調査中だそうだ。

結局酔って山賊に近づくことがマチガイなのだ。当人にも自業自得の責があることは確かであろう。しかし、当人の自業自得の責によって山賊の商法が合理化されることが有るべきではないね。しかし、現在の警察の取締りぶりには、酔っ払いの自業自得を認めるの余り、山賊の商法の方を合理的に考えすぎる傾きがあるようだ。飲んだくれの自業自得も仕方がないが、山賊の商法は酔っ払い以上に取締るべきではあるまいかね。

日本の盛り場には山賊が多すぎるよ。愚連隊のアンチャン。そのまた上のボス。それから山寨《さんさい》をかまえて酒をうる商法。

私のように自業自得を心得、承知で愚をくり返す人間はよろしいけれども、ふだんは善良な集金人的人物に限って酒が好きで、酒をのむと気が大きくなってガラリと一変するというような人は気の毒ですよ。自業自得には相違ないが、盛り場の粛清によって、自業自得の苦しみの何割かを減らすことができるであろう。平凡で善良な人々の一カ月に一度、否、一年、一生に一度というマチガイの何割かを減らすことができるのである。私のような常習的のんだくれはとにかくとして、まれに理性を失う人が哀れである。常習的のんだくれは山賊の世界に深入りしないが、たまに理性を失う善良な人に限って、山賊に大きくやられるものなんだね。

安吾巷談を受売りして千円の罰金をとられた話

謹啓、本当はこの手紙は坂口さんに読んで戴き度《た》いと思って書いたのですが、生憎、坂口さんの住所を知りませんので、〝安吾巷談〟で、時々貴方様のお名前を拝見致して居りましたので、貴方様なら取ついで戴けそうに思い、不躾けと知りながら、厚かましくも、お願いする次第です。

〝安吾巷談〟を受売りした為に、罰金千円の刑に処せられる結果になったと言う私の、農村での笑えぬ喜劇をお知せします。

それは昨年の今頃、当地に地方事務所の社会教育委員が来られて、青年団員と、村の有志を集めて座談会を持ったことが有ります。其《そ》の席で村の有志の一人が〝村の発展は青年の犠牲的精神の発揮の外はない〟と言う様なことを発言、皆がそれに賛成されたので私が、〝今までは国の為、天皇の為の犠牲、今度は村の為の犠牲か、もう我々青年は犠牲なんていう事は真っ平だ〟と発言した処がさあ大変、〝今まで天皇様は国民に犠牲を求めたことはない、それは暴言だ、取り消せ〟とか何んとか、幾人もの天皇護持者連中にまくしたてられたので、私は坂口さんの〝野坂中尉と中西伍長〟よりの天皇制問題の処をあの儘《まま》受売り、ついでにガンジー流の無抵抗主義より再軍備反対論にまで発展させて論争を終えて帰えったが、翌日になって見たらこのことが村中に尾ひれがついて広まり、〝小山田は天皇様を馬鹿と言った、どうも前からおかしいと思っていたが、もう奴は共産党に間違いない、あんな奴は村から追出せ〟と言う非難がごうごう、そして毎晩の様に遊びに来ていた青年や、中、高校生達を、〝あんな奴の処へ遊びに行くと赤く染まるから行くな〟と停め、会社にまで転勤を要請して来たから驚くじゃあ有りませんか、(申遅れましたが私は共産党は好きではなく、真の思想的の自由主義者であり度いと願っています。)こんな非難は私は馬鹿らしくて相手にできませんし、会社も労組も私と言う人間を知っているので、時がこんな下らんうわさは解決するだろうと、無視して呑気に構えていたのですが、田舎の人のしつこさは予想外でしてね、私を落し入れる好機をねらっていたのです、そして電産のレッド・パージの時にはこの時こそと策動したのですが、勿論これも駄目、そして私の多血症をねらってか、或る日、〝明日県道修理の義務人夫に出ろ、出られなければ皆にお茶菓子代を買え〟と言って来たのです。この様なことは私がこの土地に来るまでは毎月一回位あったのですが、私が青年団をバックとして、運動し昨年より廃止していましたので、村の大ボスと大口論になり、相手よりケられたのでカッとなり二つなぐり返した処が鼻血が出、そのことを種に待ってましたとばかり告訴され傷害罪として罰金千円取られたという訳です。

駐在巡査が酔っぱらって盆踊りの中にピストル片手にゆかた掛けで暴れ込み、誰彼かまわずなぐり付けたり、中学校の教官が村の有力者の子供を除き全部なぐったり、私に鼻血を出されたボスが、ある矢張り義務人夫を使う工事で働きが悪いと一人の老人を腰の抜ける程の暴行を加えても平気な村民達が、私の場合だけ問題にしたのは私が他処者《よそもの》、その他何かあるかも知れませんが、坂口氏の、〝天皇はお人好かも知れないが、聡明な人間ではない〟との言を受売りしたのが最大の原因です。

こんな田舎のチッポケな出来事貴方方には興味がないかも知れませんが、私は書く事に依っていい様のない憤りが静まる様な気がしたので書いて見ました。

私はこの事に付いて坂口さんのご感想をうけたまわり度いとは思いますが、お多忙でしょうから遠慮致します。

文士というものは未知の読者からいろいろの手紙をもらうものだが、この手紙にはおどろいた。巷談や日本文化私観、堕落論などの受売りして論敵をギャフンと云わせました、というような無邪気な手紙は三四もらったことがありましたね。その論敵というのは、たいがい共産党で、共産党員の論敵をバクゲキするには私の巷談ぐらいで結構役に立つものらしいや。したがって私のところへは田舎の共産党文学青年から相当数の脅迫状じみたものが舞いこんでくる。彼らは私の説を受売りした論敵にバクゲキされたせいかも知れない。

この手紙は私に多くのことを教えてくれた。東京周辺の居住者には、本当の田舎の生活は分らないものだ。

都会の青年たちにはかなり強い反戦的気風を見ることができる。しかし、日本人の本心をたちわった場合、好戦論、反戦論、どっちの気風が多いかというと、私はむしろ好戦的気風の人間が多いと判断している。

好戦的気風のよってきたるところは、今戦争がきてみやがれ、一もうけしてみせるぞ。この前の時はずるい奴に先を越されてもうけ損ったが、今度は要領を覚えたから、畜生メ、今度こそ日本一の成金になってみせらア。サアこい来たれと手ぐすねひいて戦争を待っていらせられるのが主である。

金へん糸へんの現役は云うまでもない。追放の前将軍が戦争を待機するのも理のあるところで、フシギはないが坊主だの女給だの小学校の先生だの妾だの百姓だのパンパンだの漁師だの商人だの飲食店のオヤジだの役人だのヤミ屋だの、みんな戦争を待機しているのである。今度は要領を覚えたから、戦争きたるやイの一番に大モウケしてみせるんだというみんなが同じコンタンで全面的に武者ぶるいしていらせられる。

しかし、そう、うまくいきますかね。要領を覚えたのは、決して、あなたが一人じゃないや。みんな要領を覚えればみんな覚えないと同じことだし、すべて商法は、戦争のドサクサの泥棒的商法でも、新風を現す天才だけが大モウケするのさ。未来をのぞんで武者ぶるいするのは、すでに落第で、優等生はいつも現にモウケつつあるもんだね。

しかし農村に戦争待望の黒雲がまき起っているのは、これも理のあるところだ。戦争がくる。食糧が不足する。さア、日本一の紳士淑女は百姓だね。東京も大阪も、あっちこっちの大小都会も、みんな燃えたね。アッハッハア。銀座が燃えたそうだが、ナニ、そうでもないなア。オレの村に銀座ができてらア。三井の娘が昨日米を買いにきたが、あいつも日増しに薄汚い女中みたいな女になりやがるねえ。品のねえ奴らだなア、都会の奴は。着る物がねえのかなア。イヤにペコペコしやがるけれども、ナイロンの靴下三足ぐらいじゃ五ン合のジャガイモは売れねえなア。オレンとこじゃア、今はピアノが三台だが、娘が二人だから、孫娘にも間に合うが、孫娘が二人できると足りないねえ。背広はもういらねえよ。モーニングもフロックも、もういらねえ、いらねえ。そうだなア、シルクハットがあったら持ってきなよ。この正月にチョックラかぶるべい。アッハッハア。

戦争てえものは平和なものだ。米や野菜を大事にしなきゃアならねえてえことが人間にようやく呑みこめてくるなア。戦争がすんで、三年、四年ぐらいまでは、まだ平和だねえ。五年目から、いけないよ。都会の奴がアロハを着るうちはまだいいが、ギャバジンを着やがると、いけなくなるよ。都会の奴らがゼイタクになりやがると、日本はもういけねえ。世直しに戦争がはじまらなくちゃア、天下は平和にならねえな。

糸へん金へんの現役紳士とても待望の論理は同じことである。あまねくドサクサの一旗をねらう市井の戦争待望組も論理に変りはない。

しかし都会地の待望組は戦争の被害者で、焼けだされて産を失い、復讐戦の気構えであるから、境遇的に戦争を待望しても、たいがいは、本質的な好戦論者ではないのである。戦争のむごたらしさもだいぶ肌ざわりが遠のいたが身にしみてもいる。

しかし、農村はそうではないね。彼らが身にしみて知っているのは戦争中の好景気だけで、戦争の酸鼻の相は彼らとは無関係なものだった。空襲警報もどこ吹く風、バクゲキなどはわが身の知ったことではない。

したがって彼らが戦後の諸事諸相を呪い戦時の遺制に最大の愛着をもつのは当然の話であろう。特に天皇制こそは彼らにとって至上のものであろう。戦争がはじまるまでは、農村にも相当の天皇蔑視派がいたものだ。彼らには都会や都会に附属するらしく見える一切の権威に反抗し否定する気風があったからである。

しかし、今はそうではない。彼らは戦争によって天皇を発見し、天皇制が都会のものではなく自分たちのものであることを発見したのである。天皇が彼らにとって至上のものになったのは、むしろ戦争以来のことだ。

しかし農村にも世界観の片鱗ぐらいはあるだろうと私は一人ぎめにしていたものだ。しかし、この手紙によると、この農村に於てはそうではないし、また、こういう事実をきいてみれば、いかにも同じようなことが多くの農村にあるべきようだ、という思いにもさせられるのである。やりきれない暗愚、我利我利《がりがり》の世界である。この手紙の中でせめてもの救いは、農村からの中傷にも拘らず、この青年の勤める本社が彼をクビにしないということだけだ。

人のフンドシを当てにする思想は、最大の実害をもっているね。汝《なんじ》の欲せざるところ、これを人に施すなかれ、ということが形式的にでも通俗なモラルになると、世界の様相は一変して、なごやかになるね。

再軍備が必要だという。そういう必要論者だけが兵隊にまずなって、まっさきに第一戦へかけつけることさ。村の発展は青年のギセイ的精神にまつ必要はない。ギセイ的精神の必要論者がまずギセイとなって、われ一人せッせとやりなさい。二宮尊徳先生がそうだったでしょう。その奉仕が真に必要ならば、やがて人がついてきますね。来なくっても、仕方がないさ。真にギセイ的奉仕が必要だと信じた人が、まず自分のみ行うのさ。人に強制労働を強いるのはナホトカからあッちの方の捕虜だけの話さ。

よく働くことによってその人を尊敬し、それによく報いるという習慣が確立すると、社会は健全になるね。

日本には人の労に報いる言葉のみが発達し、多種多様、実に豊富でありすぎるよ。そういう言葉は一ツでよいのだ。ただ「アリガトウ」さ。そして常にそれに相当の報酬をすべきである。何も靴ミガキに百円やることはないですよ。宿屋の番頭に千円もにぎらせることはないですよ。バカバカしい報酬はやるもんじゃない。

物事はその価値に応ずべきで、労力もむろんそうだ。物質を軽んじ、精神を重んじるという精神主義によって今日の社会の合理的な秩序をもとめることは不可能だ。労働に対する報酬が生活の基礎なのだから、労働に対して常に適当に報われるという秩序が確立しなければ、他の秩序も礼儀も行われやしない。仕事に手をぬくような不熱心な働きには、それ相応の安い報酬でタクサンだ。よく熟練し、さらにテイネイでコクメイで熱心な労働に対してはそれに相当する多くの報いをうけるのは当然だ。報酬は義理でも人情でもヒイキでもない。常に適正な評価に従うべきだ。それが今日の秩序の基本をなすべきものですよ。その秩序が確立すれば、仕事への責任もハッキリする。その責任に対して物質的な賞罰もハッキリすべきものである。

拾得物への報酬、一割か二割か知らないが、こういうものはどこに規準を定めても合理的な算定などはできないのだから、一割なら一割という規則の確立が大切だ。その報酬を辞退するのは美談じゃない。アベコベだ。物資の秩序をハッキリさせることを知らない人は、所詮不明朗不健全で、本当の精神の価値を知らないのである。

物質、金銭は下品なものだという考えがマチガイなのさ。物を拾って届けるのは当り前じゃねえか、オレが一割もお礼やること、なかっぺ。なんでも、当り前なのさ。働くことも当り前。人を助けるのも当り前。親切をつくすのも当り前。そして、当り前のことに報酬するのも当り前のことなのさ。

勤労に対する報酬という秩序がハッキリ確立すれば、村の発展は若い者の犠牲的奉仕にかかっている、などという美しいようで甚だ汚らしい我利我利の詭弁は許されない。誰かの奉仕が必要だと認めた当人が先ず自ら奉仕し黙々とギセイ精神を発揮すべきだ、という当然の結論が分ってくる。

豊富な謝辞で労に報いてそれで美しくすますような習慣の下では、自分が人のために喜んでギセイになろうという生き方の代りに人のギセイでうまいことをしようという詭弁や策や、それをうまく言いくるめた美名だけが発達する。そしてアゲクには再々大東亜聖戦などということを国民のギセイに於て行うような神がかりの気チガイ沙汰へと発展して行くにきまってるのである。

村の発展は青年のギセイ精神にまたねばならん、などと云うのは、どうせ中年老年どものクリゴトにきまっているが、ギセイの必要あらば、そういう御身らが曲った腰にムチうって自ら進んでギセイたるべし。ギセイというものは自発的になすべき行為で、人にもとむべきものではない。人に強要されたギセイは、ギセイとは別個のもので、人を奴隷と見ることだ。人の労に言葉で報いて美しくすますようなことも、根は同じく、封建、奴隷時代の遺風だ。物質を卑しみ、精神的なものを美しとするのも、人間を奴隷的にタダでコキ使うに必要だった詭弁にすぎないものだ。

実際は、物質で処理しうるもの全て物質で処理する秩序が確立すると、本当に内容充実した礼儀やモラルが実生活の表面へハッキリ押しだされてくるのである。即ち、人の勤労には必ずそれだけの報酬せよという習慣が確立しておれば、村の発展は道路工事にあり、されど金なし、義人現れて奉仕せざれば村の発展なし、と分って、自ら先じて黙々と道路工事の奉仕に当る。真に村を憂うる者が黙々と村に奉仕するのは自然であり、かくて村政にたずさわり村を憂うる村長や有力者は自然に自ら義人となり、義人政治行われ、これぞ村のあるべき当然の姿ではないか。勤労に対しては必ずそれだけの報酬せよ、という秩序が確立することによって、アベコベに、真の義人が現れる基盤ができるのである。

「道路工事に義務人夫で出ろ。さもなければ茶菓子をだせ」などという暴力政治が、田舎では今でも行われているのですね。この青年が反抗するのは当然だ。真に日本を愛し、日本のより良く暮しよい国たらんことを願う者が、再びこのような暗黒な暴力政治におちこみつつある村政に反抗しなくて、どうしようか。口に大きな理想を唱え、天下国家を論じる必要はない。自分の四周の無道に対して抗争し、わが村の民主政治が正しかれと努力すればば足りるであろう。

可哀そうな青年よ。君の村は、そんな悲しい暗黒な、暗愚な村なのかねえ。そのような暗愚や暴力に負けたまうな。村のボスなどと妥協したもうな。君の味方が、君の友が、僕一人である筈はない。

日本の農村はひどいねえ。百姓ぐらい我利我利亡者で狡猾な詭弁家はいないよ。農村は淳朴《じゅんぼく》だの、その淳朴な百姓こそは真の愛国家で、それ故に天皇を愛しているなどというのを真にうけていると、再び軍国となり、発狂し、救いがたい愚昧の野蛮国になってしまうばかりだ。

しかし、とにかく、君の会社が村の策謀を尻目に、君をクビにしないのは、爽やかな救いを感じるね。ねがわくは、悠々と、正しく信念を貫いて、そして会社の仕事をシッカリやってくれたまえ。困ったことが起きたら、また、手紙をくれたまえ。

精神病診断書

妻を忘れた夫の話　山口静江（二十四歳）

「これが僕のワイフか？　違うなア」行方不明になって以来三カ月ぶりでやっと三鷹町井ノ頭病院の一室に尋ねあてた夫は取り縋《すが》ろうとする私をはね返すように冷く見据えて言い切るのでした。いくら記憶喪失中の気の毒な夫の言葉とはいえ余りの悲しさに、無心に笑っている生後五ケ月の長女千恵子を抱いて思わずワッと泣き伏してしまいました。思い起せば四月二十三日何気なく某紙夕刊を見ますと「日本版心の旅路、ウソ発見器は語る犯罪と女――突然記憶を失った男」という三段抜きの記事と共に過去を思い出そうと考えこんでいる男の写真が出ているのでした。それが夢にも忘れることの出来なかった夫だったではありませんか。記事によると同月十四日銀座西八丁目の濠ばたで浮浪者がたき火を囲んでいると飄然と現われた二十五六歳、シルバーグレイのレインコートを着た色白の身なりのいい青年が現れて話しかけたが様子が変っているので築地署に連れて行ったところ『ああ何もかも忘れてこの世に突然生まれたような気がする』というので詳しく聞くと近くの公衆電話の中で急に意識が霞み、扉をあけた若い女のアッという叫び声で意識を取り戻したがそれを境として過去の記憶は落莫とした忘却の彼方に消え自分の名も住所も年も忘れて銀座をさまよっていたのでした。それから井ノ頭病院の精神科へ送られ先生達の診断を受けたところ電話ボックスの中以来のことは常人同様はっきり覚えているし文章も巧く英語も話すが、完全な逆行性健忘という病気であるということが分りました。しかもアミタールという麻酔剤で半酔状態にされ話した所によると父死亡、母健在、兄三人のうち二人戦死、嫁した姉妹があるなどの家族関係がぴったりあっているのです。驚いた私は夫の兄（横須賀市浦郷五二二山口万福）のところへかけつけると義兄も「弟らしい」と新聞を見ていってるところでした。夫は山口袈裟寿といい二十五歳、神田の市立工業を出て横須賀の航空技術所を出て海軍に入っていました。終戦後神奈川県庁地下室で時計屋をしている兄の所で昨年八月まで手伝していましたが十一月に長女が生まれ私の実家（横須賀市）で一緒に暮していました。今年の一月「職を探して来るから」といって出たまま消息がなく私は途方に暮れているところでした。その夫が今は井ノ頭病院に一切の過去を失っているというのですから、私は義兄と義姉＝夫の姉静子（二九）＝と長女と四人で取る物も取りあえず二十四日病院にかけつけました。主治医の曾根博士は私達から一通りの話を聞き終ったあと「ネクタイの裏にコタカ、ズボン下にトクサワとありますが本人に間違いないようです」といわれ姉と私を待たせ、暫くすると看護服を脱いで色とりどりの私服姿をした五人の看護婦さんの間に私たちを交えてしまいました。やがて呼吸曲線測定器をつけた男が現われました。まぎれもない夫です。夫は博士の命で私たちの顔を次々じっと見てゆきましたが顔には何の表情も現わしません。呼吸の乱れもありません、博士はダメだという風に首を振りました。たまりかねた姉が「袈裟寿！」と呼んでも知らぬ顔、全然見知らぬ他人と同様なのです。私が「まだ思い出せないのでしょうか。あなたは私の夫です」といったところあの惨酷な「これが僕のワイフか？　違うなア」の言葉です。夫はそれでも自分が独身であると信じていたのですが博士から次々話を聞くと不承不承「理論的には僕の妻と姉らしい。他人だったらわざわざ見舞に来てくれたりしないだろうから……」というのです。

失踪以来二ケ月半夫は何をしていたのでしょうか。アミタール反応では横浜の進駐軍につとめていたといいますが依然空白です。またどうして記憶喪失症になったのでしょうか？　外的なショックではなく心因性という心のショックだそうです。これは電気ショックなどの治療で時日がたてば次第に恢復《かいふく》するそうですし、本人も希望しますので当分入院をお願いし、打のめされて病院を出ました。ウソ発見器では性と犯罪に関する反応が多いということでしたが、これは絶対にそんなことはないと信じています。

さて、難物が現われましたね。たったこれだけの手記から一席やれとはムリ難題も甚しいや。病人の奥さんの手記とはいっても病人と長く起居を共にしてその観察を記したものではなく、きわめて短時間の会見記にすぎない。医者が一人の病人を診察するにも長い観察や実験が必要でしょう。まして私は医者ではないから医学的なことは云えない。文学者として人間的に取扱うのがタテマエであるから、どうも、こまったね。編輯者《へんしゅう》曰《いわ》く、お前さんも斯界《しかい》の古老であるから（というのは病気を診察した古老じゃなくて診察された古老だということさ）経験を生かして、大いに語るべきウンチクがあるでしょう。キタンなく談じていただきたく存じます。ハハハハ。空虚な笑いだね。つまりはこの編輯者はキチガイなのさ。自分の不安をまぎらすために私をからかうという典型的な分裂状態にいるのだね。いまに入院するよ。そう遠くない。

さて、この山口さんのようなのを逆行性健忘症というのだそうだが、普通は頭を強打するというような外部からのショックでなるものだそうだ。山口さんのは神経的、もしくはヒステリー的とでもいうのかね。心因性と手記にあるね。「遁走《とんそう》」などと云ってる学派もあるようだ。現実をのがれ、忘却の中へ遁走したいような願望は誰の心にもあるはずだ。人間は悲しいものさ。

公衆電話の中で意識がかすんだそうだ。最近の某夕刊紙に別の婦人患者の例がでていたが、この婦人は路上でメガネを紛失したと思い探しているうちににわかに記憶がうすれた、という。この婦人は山口さんの場合とちがって、電気ショック療法で治った後に、記憶を失った当時の状態を思いだしているようだ。いろいろ様々なんだね。

普通の人のたぶん健全な状態においても、瞬間的な健忘状態は時に経験する筈だと私は思うが、どうでしょうか。たとえば便所から立上った瞬間とか、出た瞬間とか、あるいは便所の中に於《お》いて、とか。また、単に自分の部屋を立上り、戸をあけて出た瞬間に、部屋を出た目的を忘れて、何秒間か思いだせなかったというような場合がありはしないだろうか。私にはそういう経験はシバシバある。家人を呼びたてておいて、家人が何御用ですか、と現われた時に、用向きがにわかに思い出せなくなっているというような瞬間もある。

山口さんが公衆電話の中で何かしているうちに意識を失った、というのや、婦人患者がメガネを紛失したようだとポケットかハンドバックかなんか探しているうちに意識がかすんだ、というのは、その発端に於ては、我々の日常において経験する平凡な健忘状態とほぼ（否、まったく）同様で、ただそれが長時間にわたってさめないこと、さめずに別人の生活をしていることの相違がある。この相違は甚しいけれども、意識を失う発端の状態はよく似ていて身につまされるから、あんまり良い気持はしませんね。

山口さんは意識を失ったのち何かの職業についていたようだ。別人として何十日、何年間と生活している例は多いようだが、過去を失った瞬間をよく覚えていてそれ以前のことを思いだそうと努めているらしい山口さんは面白いね。もっとも、過去がどうしても分らなければ思いだそうとせずにいられないのは当然だ。その限りに於て、過去を忘れたということ以外は山口さんはほぼ普通の人間であり、生活能力者である。

婦人患者の場合は、記憶喪失とともに子供にかえり（彼女は二十五であった）幼稚園児童のように折紙細工をしたり童謡をうたったりしていたそうだ。こういうのを児戯性というのかな。どちらもヒステリー的な神経障害とでもいうのかね。医学上の定義は私は知りません。

ある過去へさかのぼって、たとえば二十年前の書生時代の上京しつつある状態にさかのぼって、東京へ、東京へと上京しつつある気持になっているような例も多いそうだ。

しかし、これも人ごとではない。オレは普通の健全な人間だと云って安心してもいられないね。我々が前例の如くにフッと意識を失った瞬間に、ある過去の自分に逆行して、その継続をやりかけようとする瞬間がありはしませんか。やりかけようとする瞬間にたいがい気がついて、すぐ我に返るから、それだけの話ですが、それが長くつづく状態が病人で、時間の差があるだけだと思うと、よい気持ではないね。どうも、こんな話ははやく止めたいね。

我々の可能性はすべて夢の中で起っているようです。どうしても過去が思いだせない状態なども夢の中で時々経験することの一ツですし、子供に還っていたり、また分裂病よりも甚しいフシギな経験を夢の中でやっていますよ。

夢というものは奇怪なものだが、しかしフロイドの夢の解釈はあんまりコジツケがすぎるようだ。夢はあまりにも怪物ですよ。そうカンタンに解けますまい。

親しい友だちの顔を思いだすことはできます。しかし視覚的に思いだすことはできませんね。なぜならただモヤモヤと思いだしたような感じがあるだけで、それを頼りに写生しようたって決してできますまい。もっとも、絵の天才は別かね。だが、彼とても、視覚的に思いだすということはできないと思うね。彼がキチガイでない限りは。

しかし、夢の中ではハッキリ視覚的に彼と対面できるのですよ。だから、印象とか記憶というものは、視覚的にも身体のどこかにハッキリ残っているわけだが、夢と幻覚以外では視覚的に思いだすことが不可能だというわけですね。しかし夢も幻覚も意志によって見ることができないのだから、ハテサテ、人間の能力というものは窮屈なものだね。写真機よりも正確な現像能力があるくせに、自分の撮影したり録音したトーキーを頭の奥の部屋のヒキダシへ入れてカギをかけてしまいこみ、自分の意志でとりだして眺めることができないのだね。きわめて偶然に、夢やキチガイ状態の幻覚に際して見ることができるだけさ。

キチガイというものは自分の頭のヒキダシのカギをはずして、自分の撮した写真を眺めたり、過去と対面することができるらしい。その点に関する限りは、彼は不可能や不可思議を行っているのではなく、きわめて当然なことをやっているだけの話であり、普通の人間にはその当然の能力がないだけの話さ。つまりキチガイには夢と同じように空間に投影し、現像する映写幕があるのだが、普通の人間にはそれがないのだね。

健全な人間というものが、恐しくハンチクなものなのさ。当然あってしかるべき映写幕も蓄音機ももたない。キチガイは文化生活をしているらしいや。健全な肉体とは未開人のそれで、キチガイは文化人。芥川の河童かなんかが言いそうなことだね。もっとも、キチガイも自由自在に過去と対面できるわけではない。過去が、または相手の人物が、自ら映写幕に姿を現すのである。毎日きわめて規則的な時刻に。または唐突に。

とにかく人間には、空間の映写幕と同じように投影できるものが内在している筈なのである。しかし我々が健全に目をさまして生活している限り、それに記憶を投影して視覚で捉えることが不可能なのである。健全な人間の精神機能というものが、これぐらい頼りなく故障だらけのものであることが分れば、健全な精神というものは、あんまり恃《たの》みにならないものだということが明らかでしょう。もっとも、それを恃みにする以外に手はありませんね。河童の優位を認めるわけにもいきますまい。

第一、睡眠が変テコだね。妙テコレンなものが存在するもんですよ。我々は、とにかく毎日何時間ずつ完璧に過去も現在も忘失しつつありますよ。だいたい健全な人間というものが甚しく妙なものであるらしい。

山口さんの如くに過去を忘れて思いだせないということは、奇ッ怪フシギの如くであるが、実はそれほどのことではなさそうだよ。よくキチガイのことをゼンマイが狂っていると云うが、なかなか巧い表現だね。しかし、まだすこし表現が大ゲサにすぎると私は思うのです。実に一部のちょッとした故障でラジオが全的にきこえなくなったようなものらしいや。記憶を全部忘れるという結果は大きい変化のようだが、実は甚だ微々たる故障でそんなことが起ったただけなんじゃないかね。

パチンコの機械が狂うと、パチンコ屋のオヤジが箱をトントンと叩くね。すると正常に返る。人間が狂うと、電気ショックやインシュリンショックをやる。つまりパチンコの箱をトントンと叩くようなものさ。パチンコ屋のオヤジはパチンコの機械の構造はよく知らないらしいが、トントン叩くとたいがい正常に返ることを知ってるのだね。精神病のお医者さんもそんなものらしいな。なぜ気が狂うかハッキリ分らないが、電気やインシュリンでショックを与えるとある種のものは正常に返るというようなことを心得ている。どうも、失礼。しかし、私は精神病のお医者さんをヒボーするつもりではないのです。要するに精神だの神経の作用や構造やネジのグアイなどが複雑怪奇すぎるという意味です。

私が一ツ気に食わないのは、ちかごろ潜在意識ということで、人間の心をむやみやたらに割りきりすぎるということです。人間の心を潜在意識に還元すれば、いかにも単純なものですね。下世話に、人世万事、色と金だという。これは慾望の方ですね。このほかに名誉だの力、才能などというものが、からむ。潜在意識の場合も同様で、これをめぐって人間同志のマサツがある。潜在意識というものは、公式的にハッキリしたもので、公式は万人に通用し、ただその人の生活史とか環境というものによって、組合せや脚色がちがうというだけで、根本の公式は変りがない。

そこで、ちかごろのある派のお医者さんは、病人の潜在意識をひきだし、生活史や環境やマサツを調べあげて、いともアッサリと病因を割りきる。

なるほど、そういう場合もたしかにあるでしょう。人間には苦労のタネというものがある。暴飲暴食が胃病のモトと知りつつ暴飲暴食して胃病になるのと同じように、苦労のタネにクヨクヨ悩むのがいけないと知りつつ神経衰弱になるようなこともある。フロイドは病人の潜在意識をひきだし、それを病人に語らせたり指摘したりして開放することにより病気を治すことができるというが、私は信用しませんね。近代人はたいがい自分の潜在意識を自覚していますよ。そんなものを開放したって病気が治る筈はない。それを知りつつ病気になっているのだもの。

潜在意識というものは、いわば本音というものでしょう。それをめぐって複雑怪奇にモヤモヤと現実がもつれている。しかしそれが人生の何よりの根本問題だから、自制心を失えば本音を吐く。酔っ払えば本音をはく。それと同じように、アミタール面接をやると潜在意識を語る。医者は教科書の方法や順序通りに潜在意識を学術的にひきだすことによって、その病因をさぐり当てた気持になるかも知れないが、自制力がない時には本音をはくのが当り前だというだけのことで、その潜在意識や本音というものが病因とは限らないでしょう。潜在意識は万人にあるから、健全な人間にアミタール面接して、キチガイの心をあばくのと同じ方法を試みてごらんなさい。結局キチガイと同じ結果が現れますよ。あらゆる人間がキチガイだという結果がでますね。潜在意識をひねくりまわしても、精神病を解くことはできッこないです。

むろん、ある種の精神病は、潜在意識をひきだして判明しうる苦労のタネからズルズルと衰弱にひきこまれている場合もあるでしょう。しかし、それが精神病の誘因であったにしても、要するに、なにか生理的な故障が起らなければ、幻視も幻聴もでる筈がないのさ。つまり機械のゼンマイだかどこかの部分が狂わなければ、そうなりはしない。潜在意識を解放したって病気は治らん。機械の故障を治さなければ病気は治りませんよ。

しかし、分裂病の場合、逆行性健忘症の場合、機械の故障がどこにあるか、ということは、まだまだ、とても分りそうもありませんね。夢を見るのはどういう仕掛によるか、ということだって、全然分らんのだもの。否、眠り、ということすら、どこがどうしてどうなるのだか、それも分らんらしいね。幻視幻聴がどういう仕掛で起るかということは、分らんのが当然ですよ。記憶のヒキダシがどこにあるか、なぜ忘れるか、その生理的な故障の在りかは、とても分りませんね。

私がお医者さんをパチンコ屋のオヤジだと云ったのは、そういうワケです。お医者さんには機械の故障がどこにあるのか分らないのだ。ただ、そうやると一時正常に返ることがあるようだから、電気やインシュリンでショックの療法をやる。お医者さんが悪いわけではないでしょう。パチンコ屋のオヤジはちょッと勉強すればパチンコの機械の構造をのみこむことができるが、お医者さんの場合はいくら勉強してみても、目下のところはとてもとても機械の構造を見破り、故障やその原理を発見する見込みはありません。相手が悪いのです。精神病のお医者さんは楽観的かも知れないが、私は精神病の謎は永遠に解けないと思っていますよ。永遠に。というのは、つまり人間というものは恐らく永遠に、好む時に好む夢を見るような、自分の身体や精神のネジや合カギを持つことは不可能だろうという意味です。構造が分らなければネジも合カギも持てやしません。そして、精神を構造している機械の原理が分れば、人間は破滅さ。そうでしょう。人造人間で間に合うのだから。人間はすでに人間でなくて、機械ですよ。

要するに、精神病というものは、いつまでたっても、当てズッポウの療法以外に見込みがないね。いろんな方法を発明し、試みて、治る率を高めて行くことができるだけの話だろうね。

要するに、潜在意識を解いたって、病気の治療に関しては何の役にも立たない、ということだね。むしろ、潜在意識などというものに拘《こだわ》ることは、一ツの障碍《しょうがい》にすらなっていますよ。なぜなら、原因を潜在意識にもとめると、人間の精神は全く必然というものになりおわり、したがって、精神病学上にはまったく人間の意志というものを認めていないようなテイタラクになり易いのですよ。どうやら精神病の先生は意志ある人間がおキライのようだ。

人間はみんな同じ悩みがありますが、しかし、みんなキチガイになるわけではない。そして、何がキチガイになることを防いでいるかというと、結局は意志ですよ。これ即ち、本能的な、潜在意識的な、原人的な必然の流れに反逆するところの力です。キチガイになることを防ぐには、意志の力にたのむのが最上でしょうね。私はそう信じていますよ。

私は電気やインシュリンショックはやらなかったが、持続睡眠法というのをやりました。強い催眠薬を用いて一カ月ぐらいコンコンとねむります。ねている最中には食事のたびに起きて食事したり、回診の先生と話を交したりします。もっとも全然コンコンとイビキをかき通してねむりつづける人もありますね。こういう人には看護婦が食事をたべさせてやるそうです。私はそれほどではなく、起きて食事したり先生と対談したりしていましたが、覚醒して後は、それが全然記憶にないのですね。アミタール面接というのは治療じゃないから、こんなに長期に持続して眠らせるわけではないでしょうが、眠らせて対話するのは同じことでしょう。人間は催眠薬でねむりつつ、ふだんと同じように対話したり、多少の生活をしたりできるものですよ。そして目がさめると、それを記憶していないものです。私は目がさめて、たった一日ねむったと思ったら、新聞の日附が一カ月ちがっているので、だまされていると思った。もっとも、病院へ入院し、ねむる療法をするということを知らされていたので、やがて納得はできました。それ以前に、アドルム中毒の時にはそうとは知らないから、たった二三時間ウトウトしたつもりで目をさますと、三日も五日もねているのです。私はそれが信用できなくて、新聞の日附も郵便の日附もニセモノで、みんな人々が共謀して新聞偽造の手数をいとわず私をたぶらかしているのだと思いこんでいました。また、ねむりつつある時には夢の中でいろいろの行動をしていました。非常に現実的な行動をしています。それが夢だということが目がさめても分らない。どうしても眠る前に、今朝とか昨日とか、そういう行動をしていたとしか信じられない。つまりそれほど差しせまった現実的な夢ばかり見るわけです。たとえば友人に会って金策をたのんだり、女房が悪い病気になったと思いこんで（というのは、女房が病気になったと私に打ちあけた、それも実は夢だったが、私はそれを二年間も本当に女房がうちあけたことがあったと思いこんでいました）親しい医者のところへ治してやってくれと頼みに行ったり、借金を払いに行ったり、夢という夢がそういう身に差しせまったことばかりで、それが夢だという考えは全然心に浮ぶ余地がない。で、私がそれを人に語るとトンチンカンで、またオレをだますか、と、それでよく逆上したものであった。人々が共謀して私をだましているとしか思われなかったからです。どうも、これは健忘性のアベコベのような現象だね。夢の中で現実を生活し二ツが合一して区別がつかず、まったく完全に一ツの生活になっているのだからね。しかし、子供が眠りから目をさましたとき、時々こういう状態になるようですね。もっとも、すぐ気がつくらしいが。

泥酔した翌日、ゆうべ酔ってしたことに記憶がなくて苦しむこともある。私は酔っ払って見知らぬ街へ歩きこみ、小さな酒場へはじめて行って、その女に惚れたことがある。翌日酔わずにその店を探したが、どうしても分らない。たしかに、ここの筈だが、と思って、同じ店を三度も四度もまちがえて笑われたことがあったね。その日はあきらめたが、泥酔して出かけると、きわめて自然にちゃんとその店へ辿りつくのである。泥酔しなければ、どうしても違った店へ行ってしまう。違い方もいつも同じだ。酔えば自然に辿りつく。何回となく二ツのことをくりかえしたことがありましたよ。そのうちに酔わなくとも行けるようになりました。お酒のみの方は思い当りはしませんか。

ある時間の記憶を失ったり、酩酊というモーロー状態にならなければ辿りつくことができなかったり、精神病の状態と同じようなことを我々の日常に経験するのは決して珍しいことではないね。もっとも酩酊も一種の精神異状に相違ない。

山口さんの場合は、失踪してから電話ボックスで記憶を失った時まで四カ月ぐらい経過しているようだ。失踪した時の精神状態、そして四カ月間の精神状態はどうだったのだろう。その期間に何をしたかということはアミタール面接でもハッキリとは分らないのか知らん。それが分って、その期間に彼と接した人の手記があると、素人にも何とか手がかりがあるが、この手記からは、てんで判断の仕様がありません。

ただ、この手記から分ることは、彼の判断力はほぼ正常なものだが、電話ボックス以前の記憶だけが失われているということだけだ。

「判断力があって記憶だけないのは信じられん。ニセ病人だろう」

と云った人が数人あった。別に信じられんことはない。我々の健全な時でも、ド忘れしたり、ちょッと記憶だけ霞んだりということはママあって、思いだそうと焦ってもなかなか思いだせないことは常時あることだ。我々の日常生活にそのキザシがあるということは、病気の際にはその完璧なものがありうるということで、人間の心の故障というものは、元来そういうようなものだ。もっとも、キチガイは必ずしも単純ではない。気が狂ってる最中でも色々と策をめぐらし、ひどくセチ辛い複雑な精神生活をしているもので、潜在意識的に一本の精神生活をしていると思うと大マチガイさ。

山口さんの場合は、電気ショックでカンタンに治りそうだね。記憶喪失は一種の遁走のハタラキだと物の本などには書いてあるかも知れんが、現実から遁走したい気持は山口さんだけに限らない。現実を遁走するにも、女房を愛することができなくて遁走することもあるだろうが、むしろその逆の方が遁走力が強いらしいね。たとえば、女房子供を愛しているが、自分に生活力がなくて、女房子供に満足な生活をさせてやれない、というような罪悪感から遁走の方向に心が向くというような場合だね。むしろその方が遁走の原動力として多く在りうることらしいや。だいたい心のハタラキの基本的な公式というものは、カンタンなものだ。そして、そのような遁走の期間中の行動または意識上に女というものが出てくる際には、それは恋人の女ではない場合がむしろ普通だろうね。彼の正常時に於ては、犯罪を犯して女房子供を養うようなことはできなくて、彼は熱心に職を探したがその職もない。すると彼は遁走中に犯罪を犯して女を養うという形で、女房子供にみたしてやれなかった償いを果そうとしている。つまり遁走中の女や犯罪は、女房子供に対して自分が無能力であるということの自責の果だ。そんな風なこともあるだろう。健全な人間の心理にも、そういう償い方はフシギではない。もっとも、そんなにもってまわったものではなく、単純に「性と犯罪」だけなのかも知れません。人により、いろいろ様々で、山口さんの場合がどうだか、その真相は見当がつきません。

しかし、要するに、こういう病気というものは、心理を解いてみたって、どうなるものでもない。病人の隠れた心理を指摘して、心の誤りを訂正してやったところで、実際の故障はすでに心にあるのじゃなくて、生理的な故障、機械のどこかが故障しているのだ。

狂った心理の解釈は明らかにされても、悩みを解決したことにはならんね。その願望がみたされなければどうにもなりやしないじゃないか。また、その願望のみたされない場合に、人は必ずキチガイになるというわけではない。ならない人の場合が多いね。要するに機械の故障だけが問題さ。病院で電気ショックをやってるそうだから、彼は遠からず記憶をとりもどすでしょう。彼の記憶喪失は分裂病のように異常状態の表れが複雑じゃないから、故障もごく単純なような気がするのさ。こう手軽に見るのは素人考えかも知れんが、パチンコ屋のオヤジ式にトントンと叩くうちに正常にかえりそうだよ。

しかし、正常にかえって後、この青年が就職して然《しか》るべき俸給をもらい、妻子に世間なみの幸福を与えることによって、一生平穏でありうるかどうか。そういう予言は全然できません。

桜木町生残り婦人の話　沼田咲子（二十九歳）

※一九五一年四月二四日、横浜市の桜木町駅構内で列車火災事故が発生し、多数の死傷者を出す大惨事となった。「桜木町事故」と呼ばれる。

わたくしと良人《おっと》と恵里ちゃん（当歳の赤ちゃん）とは、京橋のわたしの実家に行くべく北鎌倉を出ました。途中桜木町に買物があり横浜で乗換える時、わたくしはそれまで抱いていた恵里ちゃんを良人に渡し、わたくしは良人の荷物を受取って、来ていた電車にのりました。瞬間ドアーが閉まり、一足遅れた良人と恵里ちゃんは残されました。どうせ後から来るのだからと気にしませんでしたが、あとで、もしわたくしが赤ちゃんを抱いていたなら、と、ぞっと致しました。

わたくしは最前輌の中央部に乗っていました。パチッ！　と、激しい音、はっと、天井を見上げると青と黄と赤のまじりあったなんともいえぬ恐ろしい光がサッと走りました。つづいて怒声、叫声、悲鳴、車内をゆする波にわたくしはもまれ、危ない！　という感じと共に、窓や出入口を見ました。それは開きません。後は突飛ばされ、押し返され、二度ほど人の上に転びました。わたくしの眼にはその時、窓から半分からだを出したまま、またその上から別の人が首を突込みするので、お互は出られず足をバタバタさせている人々の姿が映りました。そして洋服に火がつき転がった人の上を飛ぶような恰好で踏み越える人をみました。けむりで眼が見えなくなり、熱気と臭気に胸がつまって、わたくしは倒れそうになりました。「駄目！」とひきつるように感じ「恵里ちゃん！」と、いうじぶんの叫びになんども意識を取戻しました。その時、わたくしは宙に白い足を見て、それに本能的に飛び付きました。それは窓から出た人の瞬間の姿で、わたくしがつづいて逃れたのです。窓の上層部のサンが焼け、ガラスが落ちたのだと思います。頭と背とサンを掴んだ右腕全体が焼けていますから。

はじめわたくしは国際病院にやらされました。傷の痛みに早く治療をしてくれと頼むと、国鉄員は邪険な激した口調で、

「こっちは物のいえる人に構うどころではない。死人の事で一杯なんだ」

と、いいました。十全病院に廻るよういわれました。そこで赤チンをぬられ繃帯《ほうたい》をしてくれましたが、後で、わたくしが近所の医者で治療を受けた時、医者も、大

やけどに直接赤チンに繃帯とはと、その手当の粗雑さにあきれていました。新聞社の人が自動車で東京まで送るからと寄って来て、いろいろとききだすと、そのままわたくしを忘れて飛んで行きました。よってくる人はこれと大同小異でたいてい興味だけを露骨に示し、傷に苦しむわたくしをどうしてやろうという親切心は感じられません。一緒に難にあった男の方も、一人一人にきくとテンで無責任なその場逃れのばらばらの答えより出来ない国鉄員に憤慨して、じぶんで自動車を雇って来ました。それで横浜まで送って戴きました。横浜駅で、傷の痛みに坐りこんだわたくしを二人の女学生が親切に両わきを抱えるようにして、切符まで買って電車に乗せてくれました。お二人共、蒲田の駅前の方だとかで、その日にあったただ一つの心のあたたまる事です。

家につくと新聞記者が何人もきました。頭が焼けて口を利くのもおっくうなのに質問だけしつこくして帰ります。国鉄からは音沙汰無しです。やっと翌日(三十日)の午後、公安員と称する人が、「今日は調査にやって来た。見舞いの方は明日くるでしょう」と、いって参りました。その後北鎌倉の家のほうへ東鉄の方が見舞金を持っておいでになったという事ですが、その折、わたくしの入院先をつげたそうですが、誰も見えません。また良人が、怪我人をひとりで帰した事を責めると、自動車で全部送り届けたとハッキリいったそうです。その後家へは、遺留品を調べに来いの、また、わたくしの荷物の中に戸籍謄本があったので、死んだものとして、死体を引取りに来いのといって来たそうです。

まったく、ひどい事件でしたね。三鷹事件の時もやりきれなかった。電車の下に人がひき倒されている現場で、それを助けよう、ききだそうという処置は念頭になくアジ演説をやるという非人間性が何よりも目をそむけずにいられぬ。この一事だけでも、私は共産党を憎む。かような党員の非人間性に批判を加える態度はミジンもなく、むしろ闘志を賞讃しているのだからね。やりきれないよ。今度の場合もよくよくデクノボーがそろっていたものだ。写真を見ると、現場には工夫がたくさんいるが、みんな燃えている電車をすぐその二三間の近いところで見物しているのである。運転台と客席の通路のドアをあけ忘れた運転手の頭の悪さ、ボンヤリ立って見ている工夫たち。生きて焼かれつつある人々を二三間のところに立って見ているだけというのがどうにも解せないね。

あまりのことに逆上したと云えば、それも一理はある。しかし、他人が危急に瀕しているような際に、わが身を忘れてとびこむようなことも、よくあるものだ。泳げないくせに人を助けに飛びこんで自分の方が溺れて死んだというようなのはよくあるね。これも、やっぱり逆上だ。ずいぶんたくさん人がいたのだから、三人や五人、こっちの方の逆上をやる人間がいても良かろうじゃないか。こっちの方の逆上をやった人間が完璧に一人もいないね。運転手に至っては、焼けていない電車のドアをあけることによって、ドアをあけるという責任を果していらア。ひどい間に合せ方があるものだよ。運わるくデクノボーどもが揃っていたのだね。すぐ近くたくさん人がいたのだから、犠牲者を三分の一ぐらいに減らす処置はできたろうに、そういう気転や善意が完璧に片鱗だにも見られなかったという奇怪さ。何より助からないのはこの奇怪さだね。なんとも救いがない。人間らしい頭脳のハタラキや、善意や、あたりまえの常識や、そういう平凡なちょッとした人間らしいものが、完璧にないじゃないか。戦争中の敵味方にだって、心の通じあうような出来事がチョイチョイあるものだが、この事件には、いささかも救いがない。一方、加賀山総裁は事件の報告をうけるとまずＧＨＱへ行き、次に宮内省へ行き、キョウクおくあたわず、かね。天皇にわびて、どうなるのだ。笑わせるな。実に奇怪な人間どもにジッと見送られ無視されつつ、電車の人々は焼け死んだのだね。天皇のところへ、とるものもとりあえず、お詫びに参上という、実にどうも、上から下まで、どこにも人間が存在していないのだ。こんな奇怪な事件があるものかね。

この婦人は女の身でよく助かったものだ。こんな時に助かる自信のある人間はいるもんじゃない。まったく、偶然、幸運、ラクダがハリの目をくぐるようなものだ。私のようなデブは第一あの三段窓はどうしてもくぐれないね。窓から乗降した経験も、生れて以来まだ一ぺんもないや。しかし私は治にいて乱を忘れずという要心深い人間だから、鋼鉄車にはさまれた木造車には決して乗りませんよ。すべてについて、その程度の要心は、酔っ払っている時のほかは忘れたことがない。しかし、桜木町事件は処置なしですよ。

この御婦人も助かったのだから、わが身の幸多かりしことをよろこび、もって心の落着きをはかるべし。たまたま、どうも、ジャケンなツワモノにのみ遭遇して、後は甚だ間がわるかったんだね。先よければ後わるし。サンチョ・パンサじゃないが、事に当って格言コトワザの類を思いだすと、人生はわりあい平和ですよ。

私も新聞記者にはずいぶん悩まされたね。精神病院の鉄格子の中まで猛然突貫しようという猛者は、新聞記者のほかにはないね。社会部記者の心臓は大変だ。無礼、粗雑。野武士、山賊。実に手ごわい存在ですよ。もっとも彼らにも同情すべき点はある。たいがい人の不幸の時に会見すべき宿命にあるから、どうしてもイヤがられる。あなたや私は、電車にやかれてヤケドするとか、気が違った時でもないと、彼らは会見に来てくれない。あなたが結婚したり安産して喜んでいる時に会見にきてくれるショウバイじゃないのです。彼らが結婚のよろこび中の人物に会見を申しこむのはタカツカサ和子さんと平通サンぐらいのものだ。人間というものはゼイタクなもので、結婚式のオメデタに新聞記者が会見を申込むのは自分たちぐらいのものだという結構な身分であるのに、やっぱり新聞記者はウルサイ奴だ、と云って怒っていらッしゃる。全然新聞記者は助からないのである。人が半殺しにされた時は、エエ、御心境は？　ときにに行かざるを得んという実に宿命的な悪役であるから、あなたもイノチが助かったことに免じて許してやるのですな。彼らが鉄格子の中へ突貫してきた時には私も怒りましたよ。しかし、どうも、人生には誰か間の悪い奴が存在しなければならないのだから、自分が間の悪いことになった時には、仕方がないのだね。私は大いに怒って新聞記者を殴らんばかりであったが、しかし、実のところ、あなたが顔の痛いのを我慢して、口惜し残念と新聞記者を呪いつつ語った記事を、私はいと面白く読むんですな。キチガイ安吾、怒り暴れつつ曰く、というような悲痛な記事を、あなたをはじめ世間の人々はゲラゲラたのしんで読むんだから、仕方がない。あきらめなさい。

しかし、話をきかせて下さい、自動車で東京へ送ってあげるから、とはヒドイ奴ですね。銀座でその新聞記者めに出会ったら、すれちがう紳士からライターをかり、奴めの洋服に火をつけてカチカチ山にしてやりなさい。そうして半死半生になって辛くも火を消した時に、

「エエッと。御心境をきかせて下さい。ちょッとで、いいわ。トラックで社へ送ってあげる」

鉛筆をなめながら、そういうのです。奴メは怒って、あなたに組みつきやしませんから。新聞記者という動物は、商売の時と酔っ払っている時のほかは、全然イクジナシですよ。あなたが強いにきまってる。

国鉄側は負傷者を自動車で送ったというが、あなたは送られなかったという。先方が自動車で送ることを考え、その手配をする前にあなたが帰ったという風に考えて、そのへんのところは、怒ってはいけませんね。ああいう大事件直後の混乱はやむを得ないでしょう。主観的に考えれば、怒りのタネはキリがありません。だから、サンチョ・パンサは格言コトワザの類を考える。私はあいにくサンチョほどの学がないから、この際の適当な格言コトワザの類を知らなくて残念ですが、あなたがきっと、御自分で考えて下さるでしょう。

人形の家

人形をだく婦人の話　高木貴与子（三十四歳）

女礼《メレイ》チャン（六ツ）の事でございますか、動機と申しましても、さあ他人はよく最愛の子供を亡くしたとか、失恋して愛情の倚りどころを人形に托したと御想像になりますが、これといって特別な訳があるのではございません。丁度終戦直後、人形界の権威といわれる有坂東太郎先生について人形つくりを始めてから半年程してお嬢さんを亡くした知り合の方が、二十年前からあったこの女礼を下さったのです。その頃から、此《こ》のお人形は私の処へ来る為にあったのだ、神様が授けて下さった、とまあ只のお人形という気がしなかったのです。源氏物語の中にも見えて居りますように、昔から災難を托して川に流したり、神社に祀ったり致しますが、そういう宗教的な意味からも、子供として単に愛するという丈でなく、半分は人形として尊ぶ気持です。

私は幼い時に両親を亡くして後、弟と、祖父母に育てられましたが、そんな境遇からか人になじめない変った性格の子で、一人っきりで人形等いじって遊んではいました。特別に興味を持つという事もなく、文学少女で小説を書きたくて或先生についたり、終戦前雑誌社にお勤めしていた事もあります。

お人形ですから、表情が動く訳ではありませんが、喜びや悲しみが見えるようで、寒くなると風邪をひいたんじゃないかしらと思い、お留守番をさせると、〝連れてって〟と泣き出す顔が浮んで来て、大粒の涙がポロポロこぼれたりします。お八ツを買って慌てて帰って来ますが、三度三度の食事も、お風呂も、おシマツも人並ですの。勿論食物が喉へ通る訳ではありませんから香りを食べさせて、あと私がいただきます。夜寝《やす》む時はガーゼを目にあてて、少しでも光線の当りを防ぎます。

此の頃、ベニちゃんミツキちゃんエイコちゃんと七人の弟妹が出来まして慣れたので、留守番をさせる事が多いのですが、以前はよく連れ歩きました。最初矢張り恥しくて、買物籠の中へしのばせて出たりしましたが、ダッコしていると、殊《こと》に女学生等寄って来て、気違いじゃないかしらって笑うんですの。でも、こんなに大事にしているんじゃないかと思ったら、この真剣さを笑う方が却《かえ》って可笑《おか》しい位で、人の嘲笑なぞ問題にならなくなりました。新聞に出ても、どうこういう事はありません。毎日の日記もこの子の事で一杯です。

お人形に凝り出してから、みんな一様に苦しかった時代ですが、随分生活苦と闘いました。が、どうしても他の職につく気になれません。生計のお人形を造りながら、絵本や玩具で遊んでやるのに忙しい程です。お人形にも魂があると思いますので、おろそかには造れません。お人形とこうしていると、辛い事もどこかへ消しとんで、一番幸福だという気がいたします。汚い人間の愛情より、私はこの子等への愛情で、私自身満たされて居ます。

今迄《まで》、度々結婚も奨められましたが、所詮男なんて我儘《わがまま》なものですから、私のお人形に対する気持なんぞ解って貰える筈もございません。異性への愛情と人形に対する愛とは別のものですが……。この子等をも含めて総《すべ》てを包んでくれる人があったら、喜んでその懐にとびこんで行くでしょう。

「サン」にこの婦人が人形に御飯をたべさせている写真を見たとき――もっとも、それは御飯でなくてウドンでしたがね、で、ハシにはさんで人形の口のところへ持ってかれたウドンが、むろん人形の口にはいる筈はないからアゴから胸の方へ垂れ下っているのですが、すぐ気にかかるのは、このウドンの始末はどうなるのだろう、ということであった。

この手記を読むと、それをあとで自分が食べると書いてあるから、アア、なるほど、そうか。私はひどく感心したが、しかし、ちょッと、だまされたような気がして、なんとなく空虚を感じて苦しんだ。人形とともに生活するという夢幻世界の話にしては、ひどくリアルで、ガッカリするな。人形よりも全然人間の方に近すぎて、悲しいや。

人形の口のところへ持ってったウドンを、次に自分の口へ持ってってたべて、また新しくウドンをハシにつまんで人形の口へ運んでやって、それをまた自分の口へ運ぶというヤリ方であろうか。それとも人形の口の前からいったん元のお茶碗へ返して、また新しくウドンをつまんで、というヤリ方だろうか。そのとき、新しくハシにはさんだウドンの中に実はいっぺん人形が食べたはずのウドンが一本はさまれたとしても、そういうことが気にかからないのだろうか。

あるいは、別のドンブリ、たとえば自分の茶碗を別に用意しておいて、人形の口へあてがったウドンを自分の茶碗の方へうつして、また新しく人形の口へ人形のお茶碗からウドンをハシにはさんで、というヤリ方であるかも知れないな。相手が物を食べない人形だとなると、こういうことが、ひどく気にかかるな。

とにかく、人形にウドンを食べさせる、そのウドンを人形がたべた、ということを、どこで納得するのだろう。

日本では神様や祖先の霊に食べ物を供える習慣がありますね。これはまったく習慣でしょうね。私の女房も私の母の命日に母が好きだった肉マンジュウや郷土料理などを母の写真の前に供えたりする。お供えした方がいいかと私に相談したこともあって、アア、よかろう、私はそう答えたのだろう。ツマランことだと云ってしまえば、まったくその通りであろう。そして、ツマラナイことではない、という反証をあげる方がムリであろう。母の写真の前にはいつも何かしら花を花ビンにいれてある。その花ビンがあるために私のヒキダシをあけることができなくて、私は一々それを動かしてからヒキダシをあけたてしなければならない。まア、めったにそのヒキダシに用がないからいいが、しかしそれでも、そのたびに、どうもウルサイ花ビンだなと舌打ちする。

しかし、私の女房がほんとうにその気持で母の写真に食べ物や花を供えることを喜んでいる心や習慣があるなら、私自身は自分でそんなことをする気持がなくとも、女房のヤリたいことをやらせて悪いことはなかろうさ。習慣をやめるのはむつかしいし、昔から人のしてきたことが迷信だと分っていても、それを怠ると不吉になるような、そういう迷いもあるだろうし、迷信だ、ツマラン形式だといっても、それをやる個人の気持はその人なりに複雑であるから、個人の特殊な生活には干渉する必要はないね。それが他に迷惑をかけるものでなければ。

この人形と生活している婦人の場合なども、もとより人に迷惑をかけるようなところはないだろうから、そんなツマランこと、おやめなさいと言う理由は毛頭ないであろう。しかし他人もそれに対していろいろ興味をもったり批評したりキチガイじゃないかなどと言ったりするのも、これも仕方がないでしょう。そういう興味や噂の対象になるだけの常規を逸したものがたしかにあるのだから。人がとやかく云うもよし、御当人は御当人で、人のことは気にかけず、自分の生活に没入さるべき性質のもので、どっちにしても御愛嬌というもの、一向に害になるものではないでしょうね。

しかし、不自然ではある。イワシの頭も信心、アバタもエクボ、なぞと云うように、本人の好き好きで、誰が何が好きになっても仕方のないことではあるが、まだしも蛇が好きで、蛇をたくさん飼って食べ物の世話をやいたり遊び相手になったりするというのはグロテスクではあるけれども分らないことはない。なぜなら、これをグロテスクと感じるのは私の方で、飼主にしてみれば可愛いばかりでおよそグロテスクだとは思わないにきまっている。そしてこのグロテスクという感情問題が解決すれば、蛇を飼うのも犬を飼うのも気持は同じだということが分るであろう。

この人形の場合は、どうもこう素直に納得できないところがあるなア。なんとなく、自然の感情にひッかかるところがある。たとえば、さッきも云ったように、ウドンを食べさせるときに、どこのところで食べたという納得をうるのか。

この婦人は人形は食べられないことを知っているね、しかし、食べさせたい気持は分りますよ。それは実によく分るし、特においしいものを食べさせたい、今夜はこれ、明日はあれといろいろ考えもするだろうなア。しかし、実際に食べないという事実にゴツンとぶつかったら、泣きたくなりやしないか。私はハラハラするなア。要するに、実際人形に物を食べさせる本当の所作をするから、そういうやりきれないことが気にかかるんだね。

おいしい御馳走を作って、それをハシにはさんで人形の口まで持って行った場合に、その次に、それをどうするか、ということが実に実に気がかりだね。どこへどうしても始末がつかず、よくこの人は気ちがいにならないものだね。やりきれなくて、たまらなくなりやしないか。食べることができないのだもの。

五ツ六ツの女の子が、よく、そんな人形あそびをしてますね。お客に行ったり招いたりして人形に御馳走たべさせたりお風呂へ入れたりしていますね。子供があれで満足なのは分るね。ママゴトにすぎないのだから。

ところが、この婦人も、ママゴトにすぎないですね。それ以上のものは何もないです。それ以上に人形とこの婦人の結びつきや生活ぶりは、ただ子供のママゴトと同じことで、それ以上に深いツナガリは何一ッ見られません。

子供のママゴトは、まだ見ていても気楽で救いがあるなア。人形にたべさせる御馳走だって、ママゴト遊びのオモチャのマナイタの上でこしらえたもので人間の食べられない物か、食べることができるにしても好んで食べたいようなものではない。オフロに入れるにしても形ばかりで、本当に湯を入れてやるわけではない。だから人形が本当は食べることができなくとも、気にならないね。

この婦人の場合はそうじゃないね。本当に食べることのできるもので、自分の食べ物と同じ御馳走なのだ。それを人形の口まで持って行っても、人形が食べることができないのだから、ハシにはさまれた食べ物が口のところで停止して、たとえばウドンがダラリとアゴから胸へぶらさがったときに、この人が泣かずにいられるのがフシギなのだ。人形の口の前で停止した食べ物の始末をいかにすべきや、そのいかんとしても意をみたすにスベもない悲しさに気がちがわずにいられるのがフシギなのさ。

大人が何かを愛すということは、こんなものじゃありませんよ。愛す、ということには、その人のイノチがこもるものですよ。とても、とても、子供のママゴトのような、ウスペラなマネゴトですむものではございませぬ。

人形の口の前まで持ってって、人形がたべたつもりで、それを自分が本当に食べてそれで安心できるのかねえ。人形の食べないことが悲しくならないのは分るが、しかし、その場合には、自分が物を食べるというウス汚い事実に、気がちがわないのかなア。食べるということはウス汚くはないのだけれども、自分の愛する者が実際には食べない場合には、自分が物を食べるということは、ずいぶんウス汚くって、やりきれないと私は思うな。たとえばマツムシだのスズムシなんてものでも、夫婦の一方が物を食べなくなった場合には、一方も物を食べずに餓死するような気がするなア。もっとも、気がするだけで、餓死自殺はやらないね。メスの方がオスの方を食ってしまうそうだね。これも大いに分りますよ。豊島与志雄先生は名題の猫好きで、多くの猫と長年の共同生活であるが、何が一番食いたいかというと猫が食いたい、それも自分のウチで飼ってる愛猫が食いたいとさ。本当に愛すということは、その物を食いたくなることだという豊島さんの持論だが、この壮烈な食慾的愛情も分らんことはない。私は胃が悪くって、あんまり食慾がないから、特に美食がほしいという気持もなく、食慾の満足に多くの愉しい期待をかけていない。だから何かが特に食べたいとも思わないから、愛情を食慾的に感ずることもないのだが、美食家や旺盛な食慾を持った人たちが、自分の本当に愛するものを食べたくなる気持は分らんことはありませんな。本当の愛情にはそういう動物的なところもあるだろうと察せられますよ。

食慾なんてものは、そういう実質的なものだなア。愛する人形が物を食べないのに、物を口まで運んでやって、食べないという事実にぶつかって、泣きもせずにそこから引き返して平気でいられるのも分らんし、人形が食べないのに、自分だけは実際に食うということに自己破壊を起さないのも分らん。要するに、全然バカバカしいママゴトだね。魂をかけた愛の生活はありませんや。

この手記をよんでも、夜やすむ時光線が邪魔にならないようにガーゼを当てるとか、寒くなるとカゼをひかないかと心配で、なぞとありますが子供のママゴトも、実生活のマネということではまさしく完璧で、お医者にも見せるし、氷嚢も当てるし、注射もしますし、オシッコもさせるし、要するに、この婦人のママゴトは子供のママゴト以上に魂のこもったところはありません。子供のママゴトにはまだ救いがあるなア。この人のママゴトは本当の食べ物を人形の口まで持ってゆくようなリアルなことをやって、それでオシッコなんて、ちょッと、私は助からん気持でした。

人形が好きで、人形と一しょに生きてるような人は、きっと、もっと外にホンモノが実在するだろうと思うね。こういうママゴトなどは全然やらずに、本当に人形の魂と自分の魂とで話し合っているような生活が。大人が本当に人形を愛したという場合はそういう魂の問題ですが、この人の場合は、完全に子供のママゴトで、それ以上の何物でもないでしょうな。

まア、しかし、一生涯、ママゴトをして終るというのも結構でしょう。

芸者になった人妻の話　河口耕三（三十八歳）

「妻が夫に無断で夫の許を離れ芸者になったのは、『自分の独立した意志』でなったのだから法律ではこれは取締れない」となれば、啻《ただ》に芸者になった場合に限らず、妻のどんな行為も実は傍観する外はない結論となります。

結局、妻が……現在の生活に一種の満足感から、夫の反省を求むる言葉など顧みず再考の色もないとしたら、夫は只泣き寝入りの外はなく、妻はしたい放題……と云わねばなりません。とすれば、自由民主主義下の現代道義はどうして維持するのでしょうか？　それでは、自分勝手ばかりで他人の迷惑など吾れ関せずのアプレゲール流こそ処世の常道の世の中となるではありませんか。それで法的に打つ手がないということは、凡《およ》そ締め括りのつかぬ世の中になったものです。何とか制裁の途はありませんか。序《ついで》ながら、右の事態から云えば、夫が妻以外の婦人を愛し、別に生活を持つとしても『自分の独立した意志』なら御勝手次第「妻から離婚を求むるは兎も角として」と云う事になりますが、果して法的制約の途はありませんでしょうか。

又、『自分の独立した意志』が尊重される結果なら、生活困難な親を顧みない子も制約出来ないのでしょうか。如何《いかが》でしょう。

さて、これはさる新聞の身の上相談欄にでたものだそうで、第一が投書、次が新聞の先生のお答、次がそのお答に不満の投書者の手記で、私はこの第三番目の手記について見解をのべることになっていますが、どういう見解をのべても彼が満足するとは思いません。私は田舎住いですが、東京の新聞は、まアだいたい読んでおります。しかし、新聞の身の上相談というところは、ここ二三年、読んだことがありません。新聞の紙面のうちで、この欄が私には一番ツマランところですが、自分で一番ツマランことだと思っているのと同じことを自分がやろうというのだから、私は実にツマラン人物の見本のようなものですな。

しかし、身の上相談がどうしてツマランかということを、この投書がハッキリ証明していると思います。先生のお答は、別に上出来なところもありませんが、まアこんなことでも云う以外に仕方がないでしょうね。しかし、こういうお答によって、決して事件が解決して投書家の新生活のカギになるようなことはないでしょう。なぜなら、こういう実生活上の人間関係は論理的にはどうにもならんです。ごらんなさい。この男子は、男女同権、人権とか自由とか、そういう基本的なことを全然考えておりません。妻の不貞に制裁を加えることができず、妻の自由意志なら芸者になったのも仕方なしと泣寝入りせざるを得んのが民主時代なら一家心中かムリ心中したくなるのが当然だと彼は怒っております。

要するにどんな大論理家が身の上相談に当っても、こういうことは論理的に当事者を納得させるような結論は決して出てこないものですよ。当事者二人ともその論理の出発点が全然個性的で、先生の論理と論理の性質を異にしているから、新聞の短い文章で答がでるのは百害あって一利なし。私は、身の上相談欄というものは、単なる読み物で、それも一番低俗な読み物。そういう風に解しております。そういう意味では実に存在の理由があります。

こういう実生活上のゴタゴタは、公式の裁判に限るようですね。裁判というと大ゲサですが、公式で手軽な調停機関があって、手軽というのは手続きが手軽ということで、調停の仕方が手軽で安直であっては困りますが、両方の身になってよく考えてやって、こういうヒビができると、元の枝へ返すのはムリですから、両者に生活能力があるなら、円満に別れて別々に新しく出発するための良き機縁となり、良き案内者となってやる。そういう機関があって、やってくれると、それが何よりなのでしょうね。しかし各家庭のゴタゴタの世話をやくには大そうタクサンのそういう機関が必要で、日本中のゴタゴタの千分の一に手がまわるだけでも大変だろうなア。

とにかくハッキリ云えることは、こういうゴタゴタに両者に納得できる論理は実在しないということです。しかし、正しい論理はあるのですよ。だが正しい論理があっても、両者をそれで納得させることは不可能だという意味です。その一ツの証明になるのが、この投書ですよ。

しかし、非常に親切な調停機関があっても、この人の場合は、うまく両者が納得できて、各々幸福だというような解決をつけてあげられるか、どうか、疑問だと思います。

まずこの事件の原因は夫が失職して妻が働いたのが失敗の元ですな。この夫は手記の中で（第一の投書）外地の生活は地位の低い方でもなかったというようなことを仰有《おっしゃ》るが、その同じような地位で内地の就職ができない、そして失職してるというような気持があるのでしたら、それが根本的にマチガイでしたでしょう。夫が失職して妻が派出婦になる。派出婦というものは、もしもこの夫のように職業に地位の高低があるとすれば、まず最低の地位の職業ですね。奥さんをそんな最低な仕事にだして一家の生計をたてる必要があるなら、旦那さんたるもの失職してる筈はあり得ませんや。派出婦に匹敵する低い地位の男の職業なら必ずある筈のものです。

夫が失職して生活できないから、妻がダンサーになった、女給になった、という。こういうことが原因で一家の平和がメチャクチャになるような話は昔から山ほどあったものですね。この夫が考えているような通念からみれば、接客業というものは最低以下の職業ですが女房をそういう最低以下の地位に落して稼がせるぐらいなら、男の職業がない筈はありませんよ。女房にそういう仕事をさせても、自分の方は多少とも社会的地位のある職業でなければならんという考えが、かかる悲劇や家庭破滅の最大の原因をなしております。女房に地位の低い仕事をさせて（奥さんの仕事の地位が低いというのは私の考えではなくて実はあなたの考えなのだが、そのこともあなたはお気づきになっておらんだろうなア）自分は多少でも地位や身分のある仕事をさがして、そのために自分の方には勤め口が見当らん。そして奥さんの稼ぎで自分の生活もおぎなってもらっておりながら、自分の方では相変らず地位だ身分だというようなコダワリがあるとすれば、そういう妙な気位や威張りが、奥さんの目には実にバカバカしく妙なイヤらしいものに見えるのは当然だろうと思いますよ。

女房の奴メ、不貞だ、手討にいたす、というようなのは、あなたが殿様かなんかで、奥さんにゼイタクをさせて飼い犬のように不自由なく飼っておった場合に、わが意に反することをするといってブン殴ることはできるかも知れんが、男女同権というような新憲法の時代でなくとも、女房をそういう働きにだす以上は、もう女房はないものと思わねばなりません。男の地位や身分をまもるために妻女が最低の地位に落ちて稼ぐというのは、すでにその一家には通常の論理が失われているということを意味しておりますね。その一家が通常の論理の上に安定しているためには、まず男の方がどんな地位の低い仕事についてでも、真ッ黒になってボロを着て指は節くれて掌に血マメが絶えなくとも、男が一家の生計を支えねばなりません。夫に妻の不貞を咎《とが》め制裁する権力がないとは何事であるかというような論理を支えるには、さらにその上に、あなたが殿様で犬を飼うように何不自由なく女房を飼っていてのことだ。私は法律だの憲法を云っとるのじゃありません。そういうものではなくて、日本人の通常の家庭生活において、その旧来の習慣をひっくるめ、さらに社会環境をひっくるめ家庭の外部と内部を通観した上で、一家の支えとなる論理について云ってるのです。

編輯《へんしゅう》部から持ってきた今月の出来事の中で、一ツ、こんなのがありました。結婚以来三十年という老夫婦、二人の息子が二十九、二十四という大人になってる家庭で、父に金ができたら女遊びをはじめて愛人ができた。母に同情した息子が父を責めてポカポカぶん殴ったので、父は家を出て愛人のところで生活するようになった。息子はそこへも押しかけて行って父を十五か十六ぐらいポカポカぶんなぐったそうだが、息子の後援で母の方から離婚訴訟を起したという事件です。この訴訟を起した直接の原因は家出した父が養子を探しているのを探知した母と息子方の方が、このまま放置しておくと財産を養子にとられる怖れがあって、こうなったものらしい。

こういうように、実の息子が父の頭をポカポカ十五か十六もなぐるような暴力沙汰に及んで、もはや父と子の和解の道は得られない状態になっても、ここには財産というものがあるために、裁判によって解決の道が得られます。息子がオヤジを十五も十六もぶんなぐっても一家心中ムリ心中、オヤジ殺しなどに至らないのは、財産があって、それが愛憎を適当に解決してくれる見込みがあるからですね。

ところが、この投書の場合には、物質的に解決する手段がないですよ。父と息子のケンカは財産があることによって起ったような一面もあるかも知れませんが、投書の場合はアベコベに無一物であることから事が発しておって無一物であるために、論理的にも物質的にも両者を納得させる解決ができそうもない。したがって、誰が調停したって、結論は二ツしかない。夫が妻をあきらめて別れるか、妻が夫のもとへ戻って夫が生計を支える働きにつくか。

ところが、この夫の手記によると、妻の不貞を制裁できない民主国なら一家心中ムリ心中も辞せんと云うし、一方二人の仲にヒビができて不貞という観念が夫の念頭にからみついてしまったのに、芸者をやめて戻ってきた妻が夫に隷属する生活に堪えうるかどうか。この手記によって判断しても、まったくこの夫にかかっては妻は隷属ですからね。

法律で妻の不貞が制裁できないから、一家心中ムリ心中を考えるという、こういう性質の男は、たいがいの女房に逃げられる性質の男だろうと思いますよ。彼の思想や感情の上で、女房は奴隷にすぎないもの。奴隷は飼われているのだから、飼う能力がなくなれば主人から離れたり逃げるのは仕方がない。逃げずに、むしろ忠義をつくし、恩を返すべきだ、というのは殿様の方の論理で、また殿様から考えての美談佳話で、正常の論理から判断すれば、奴隷は主人に飼う能力がなくなれば逃亡離散するのが当然であろう。

両者が人格を認め合い、二ツの人格の相互の愛情というものが家庭の支えとなっていたようなところは、この夫の手記からは見ることができません。

この夫の場合だけに限りませんな。日本の亭主は、大方その傾向があると思いますが、日本の憲法や法律がどうあろうとも、日本の亭主の習慣的に育成された思想や感情やそれにからまる論理の現状に於《お》ては、生活に困った場合に女房を働きにだしてはダメにきまっています。必ず家庭の破滅がそこから起るものと覚悟すべきであろう。そしてその破滅のモトは亭主の思想や感情や論理に内在していると見ればよろしい。

日本の亭主は女房に対して殿様の位置にある。亭主関白という通りです。何が殿様であり関白かというと習慣的に育成された思想や感情や論理がそうなのであって、衣食住の実生活はそれに全然ともなっておらんから、まことにこまる。それでも、とにかく自分が働いて女房子供を養っているうちは、曲りなりにも亭主関白の超論理で女房側の正論を屈服させ、封じこめておくことができる。自分に生活能力がなくなって女房を働きにだしてしまえば、女房は家庭の超論理から解放されて、自分の論理をうるのは当然ですよ。

だから亭主関白の論理の現状に於て、生活に困って女房を働きにだすということは、家庭の破滅の決定的なモトをなすものですよ。おまけに亭主関白の側から云わせると、亭主が困った時には、女房が働いて亭主につくすのが当然だというような考えもあるから、尚《なお》いけない。のみならず、女房が世間へでて働いてみると、家庭生活がいかに暗くてツマラナイものか、それがハッキリ分るのが尚いけない。特に彼女の現下の家庭というものは彼女のヤセ腕にすがるような暗い惨めな生活であるから、世間にでて働くたのしさや面白さが身にしみるでしょうね。

ちょッと考えてみれば、分りすぎるぐらいよく分ることですよ。日本の家庭感情の現状に於ては、生活に窮すれば窮するほど男はわが一人の腕で一家を支え、亭主関白たる貫禄を実力的に保持するために全心全霊をあげて悪戦苦闘すべきであって、コンリンザイ生活のために女房を働かせてはなりません。

むしろ、生活苦のためではなく、お金に困らない場合に、女房を働かすべきです。自分の仕事の助手とか、共同の仕事とか、そういうことで奥さんに手腕をふるってもらうのは却って家庭平和のモトをなすかも知れません。女房が家庭生活一方というのは、そういう家庭的な性格の奥さんならよろしいが、社交家で家庭外の方向に手腕もあるし、家庭生活だけではなんとなく物足りないという性格の奥さんには、はじめからそういう手腕を外部的にふるってもらって、それで浮くお金で女房の家庭労働を省くようにするのですな。二人で外で食事するようにしてもよろしいし、手数の省ける家庭用の文明器具をとりそろえるように心がけてもよろしいでしょう。そのような明るく便利な家庭を建設するような考えがあって、奥さんもともに働くというようなことは、よろしいな。お金持であればあるほど、むしろ奥さんは働く方がよろしかろう。

生活が苦しい時に奥さんを働かすことは絶対にやってはダメです。苦しい時に働いて助けてくれないようなそんな女房はひどく不自由で、実に女房なんて物の役に立たなくてバカバカしいものじゃないか。実際バカバカしいものなんですよ。つまり困った時に役に立つというような飼主的な亭主関白の独善的な論理や倫理が、結局、アベコベに、困ったときに役に立てようとすると破滅をもたらすことになる。その決定的な因子をなしているのですよ。困った時の役に立てようと思って女房を働かせると、女房が発見するのは亭主の独善的な論理の陰に隠されていた自分の論理と、それから世間の面白さ自分の家庭の暗さであります。

働きにでた女房が彼女の論理を発見するような結果になったときには、日本の男の子は自分の腕で生活を支えられなかった責任を感じるのが第一に大切なことで、一家心中ムリ心中などと云うようでは、全然ダメだなア。女房を派出婦にする代りに自分の方がどんな賤業についても一家を支え亭主関白の貫禄を支えるべきであった。アア、我アヤマテリ、と思いなさい。日本の夫婦は男女同権ではありませんとも。憲法や法律はどうあろうとも、生活の実情に於て亭主関白、飼主の特殊な論理や倫理は亭主側にあって、それで威張っているのだから、飼い女房を働きにだして逃げられたら、それは自分の力で生計を維持して飼主の実力を維持できなかった自分の責任であるから、アア、我アヤマテリ、罪は男の子たる自分にのみありと認めなさい。こういう際には男女同権ではありません。亭主は関白であるから、女の子に罪をきせてはならん。必ず、アア、我アヤマテリ、と云わなければならんものです。

衆生開眼

悪人ジャーナリズムの話

※一九五一年六月二八日、小説家の林芙美子が、心臓麻痺のため四十七歳という若さで急逝した。執筆依頼を断らない林の多忙ぶりが原因と推測され、巷では「林はジャーナリズムに殺された」という声が聞かれたという。

平林たい子

おどろいた。胸を打たれてまとまった感想も浮かんで来ない。かぞえてみると私達は二十五、六年来の友人だが、めったにあわなかった。最近、婦人公論の集りで久しぶりに一緒になり、興奮して大いに語った。彼女は心臓の不安を訴えた。フランスにも行きたいが、この体では行かれないと言った。それから私に、フランスへ一緒に行こうとしきりにさそった。私は仕事のむりをやめることを忠告したが、よほどの生理的脅迫のない限り、この忠告がきかれないことは知っていた。

よく言われる「ジャーナリズムの酷使」が、林さんの死を決定的に意味づける結果となった。徹夜同然の仕事を一年中つづけて、つづきものをいくつももち、ほかに一カ月間三編も四編も短篇小説をかくなどということは芸術の常識としても勤労の常識としてもあり得ないことだ。そのあり得ないことをやらせようとする追求が、いまの日本のジャーナリズムである。しかし、そばによってよくよく見るとこんな追求性は、「どんらん飽くなき」と言った放恣《ほうし》さとしてよりも、出版資本の没落したくない消極的な焦躁として私達の目に映る。大新聞以外の出版資本は、他産業にくらべて資本の基底が浅く、無名または風変りの作家を売り出して、大損か大もうけかのカケを試みる冒険力をもっていない。宣伝費も割り安で当たり外れのハバの小さい作家にたよって、そう大づかみでなくとも、確実な利益を得る近道を行くよりほか、資本の安全の保証はない。かくして人気作家が生れ、追求が集中し、使いつぶされる。大げさに言えば、林さんの死は、こんな日本の出版資本の特性の犠牲であろう。

身を処することに思慮深い林さんが、このウズマキの真中に入ったのは、全く、自分の肉体力に対する過信からだった。事実林さんは、もろもろの破壊力とたたかいながら、よく感性の枯渇からまもり、いくつかの傑作をかいた。戦後の「雨」「晩菊」「浮雲」など、前期の林さんのもたなかった思想性をもちはじめている。中でも「浮雲」は、敗戦に対する日本人の偽りない心情告白の書として、後世にのこる意味をもっていると思う。

こんな公式な感想とは別に、私の眼底には、氏が二十三歳で、私が二十二歳だったころのシオたれたメイセン姿が浮かぶ。私たちはよく二人で電車賃がないままに世田谷の奥から本郷の雑誌社まで歩いた。着物も御飯も貸し合った。むくわれない愛情のために泣き合った。ああ彼女今や亡し。(六・二九　夕刊朝日)

宮本竹蔵

作家がヘタクソの小説を書くと、ジャーナリズムの酷使がそうさせたといった。

自殺でもすると、いよいよ大酷使のせいにしてしまった。生活がジダラクで、頭が空ッぽになり、生活力が消耗してしまったことは、棚に上げているのである。林芙美子の死は、心臓マヒで自殺でもないが、それでも平林たい子によると、どんらん飽くなきジャーナリズムの酷使で、犠牲になったものだそうである。（朝日）林は朝日に、小説を執筆中だった。だから平林によれば、差し当り朝日が「どんらん飽くなき」ジャーナリズムの代表ということにもなりそうだ。現代の作家とか批評家とかいわれる人種は、ジャーナリズムで生計をたてているのであるが、何か悪いことが起ると、原因をジャーナリズムに押しつけるくせがあった。悪人はきまってジャーナリズムだった。

林は一年中つづけて、長篇を書いたほか月々三つも四つも短篇を書いた。芸術にも勤労にも、常識にないことだそうだが、こんな無理を強いたのはジャーナリズムだったと、平林はいうのである。だが飽くなきどんらん性は、無理を強いた側のみにあって、無理を呑みこんだ側にはないのか。これは魚心と水心だ。罪があるなら、罪は五分五分のたたき分けでなければならないはずである。あまり一方的のものの言い方をすると、逆効果で、死者を辱しめることになりそうだ。

一般にジャーナリズムに対し、個人の力で、どうにもならない魔法の力があるような迷信がある。清水幾太郎によると、二三の大新聞と、NHKが共謀すれば、思うがままに世論を作り出すことができるそうだ。だが民衆は、清水の考えるほど、新聞からダマサレ放題になるような、衆愚ではないのである。究極において、民衆はダマされない。ジャーナリズムの威力では女流作家を殺す力はないであろう。(六・三〇　東京)

平林たい子

宮本竹蔵氏は、ジャーナリズムの酷使が林芙美子の死を決定的にした、という私の言をつかまえて、平林はジャーナリズムを悪人にしたとひどくいきまいているが、私はむしろ日本の出版企業の弱さ貧しさに同情したつもりだった。冒険をゆるさない貧弱な資本が、安全性の多い少数の人気作家にその要求を集中するのは当然なことで、それにいちいち応じた場合、作家が肉体的にも精神的にも疲労消耗するのも

また当然なことだ。自分の肉体力への過信が林芙美子をしてジャーナリズムの渦中にとびこませたことは否定できない。(談)

東京新聞「放射線」欄の宮本竹蔵先生の所説は、ジャーナリズムだけが悪人ではなくって、過度の要求を承知でひきうけて濫作する作家の側にも罪がある、ジャーナリズムには女流作家を殺す力がない、ということを言いたかったのであろう。節度を旨とし、秩序ある論理を展開して結論に至れば、それで申し分なく、それも一ツの説である。各人各説というもので、自分はこう思う、ということを適切に表現して読者の批判に供する。新聞の論説は時代の正論をさがし、それに近づくことを旨とすべきものであろうが、正論の支えとなるものは論者自身の信仰ではなくて、読者の批判なのである。

ところが宮本竹蔵先生の所説に、皆さんが一読してお分りと思うが、その論理には秩序もないし節度もない。甚しく感情的な騒音にみちて慎しみを欠き、まことに教養に乏しくて、裏町の喧嘩のような論理でしかない。

三大新聞にくらべれば東京新聞は部数の上では二流紙であろうが、その第一面の匿名論説たる放射線欄と云い、文芸欄の小原壮助さんと云い、その論理がいかにも粗雑にすぎて、教養を欠き、暗黒街でしか見られない騒音に類して、あまりにも赤新聞的すぎるようだ。

私の書いた物などもこの二ツの欄の先生方に時々大そうお叱りを蒙《こうむ》ったりするが、お叱りを蒙った側から言わせると、まずこの欄の先生方は書かれた物をよく読み正しく理解した上でその論説の不備や至らざるところをお叱りになる、という穏当適切なものではなく、よくも読まずに、途中の一行だけをその前後から切り離してとりだしてインネンをつけたり、誤読を基にして悪口雑言を浴せたりなさる。

今回の場合、宮本竹蔵先生のお叱りを蒙った平林たい子さんの文章は、どこかの新聞の文芸欄の一隅にのった追悼文で、せいぜい原稿紙二枚ぐらいの短文である。ところがそのたった八百字ぐらいの短文すらも精読を欠き、相手の意あるところを読み誤って、勝手にきめつけていらッしゃる。前掲の両者の文章は一字も省略しておらぬ筈ですから、どうぞ皆さん御自身でも吟味してみて下さい。たった原稿紙二枚の文章ですら、このように精読を欠いているのですから、長い文章に至っては誤読誤解の甚しさは申すまでもありますまい。

精読せずに批評するということは甚だしく不誠実なことで、文化人の至極当然な教養から云って日常の談話に於《お》いてもそれを慎しむのが当り前ですが、誤読あるを怖れるような慎しみはミジンもなくて、一行だけとりだしてそれを全文の本旨であるかに見立ててカサにかかってインネンをつけ悪罵を放つ。そのインネンのつけ方や、理窟の立て方に於てはユスリをやる者の論法に似て、用語や文脈の品性に於ても全くそれと同等の教養の低い文章である。それを第一面の匿名論説にかかげる新聞の品性というものは三流四流でもなくてゴロツキの赤新聞のようなものだね。東京新聞は、都新聞の昔には娯楽を主とする新聞であったが、その品性は相当に高くて、芸界のもつ教養や気品を失わなかったものでしたよ。そのころは私も匿名批評を書いてナニガシの飲みシロを稼がせてもらったものだが、私に関する限りは匿名批評に於ても、精読を欠いたり、タンカのような悪罵や放言をしたことはありませんでしたね。匿名といえども批評である限りは節度もあれば秩序もある論理をはなれてはならぬものです。

平林さんの追悼文の全文を読めば、宮本竹蔵先生の誤読は判然とし、彼女の抗議が理に合っていることがわかる。つまり平林さんはジャーナリズムの酷使、ということを一応述べてはいる。しかし作家に過度の執筆を強いるジャーナリズムというものも、そのそばによってよくよく見ると、「どんらん飽くなき」という放恣なものであるよりも、出版資本の没落したくない焦躁として目に映る。日本に於ける大新聞以外の出版資本は他の産業にくらべて資本が少いから、無名作家や風変りな作家の作品を載せて冒険を試みることができない。一応世間の評価が定まった顔ぶれをならべて、大モウケはできなくても大損のないような商法をとらないと、小資本出版業の月々の安定は保証されない。そこで群小業者が一様に当り外れのない商法に依存する結果として、特に人気作家にだけ各社の注文が集中することになる。林さんの死はそういう小資本出版という日本の特異性の犠牲であった。ただし、「大ゲサに云えば」と特に平林さんはつけ加えることも忘れてはいなかったのである。ところが宮本先生は「平林の説によるとどんらん飽くなきジャーナリズムの代表は差し当り朝日ということになろう」なぞと仰有《おっしゃ》る有様で、平林さんによれば大新聞以外の出版が小資本であるために冒険ができず一様に当り外れのない商法にたよって人気作家に注文が集中する。その犠牲になったような林さん。こう論断して、特に大新聞以外の小資本出版の特性が必然的に流行作家を追いまわす結果を生じる点を指摘して、林さんが犠牲になったジャーナリズムとはそのジャーナリズムの方だと言ってるのですね。

これは平林さんの独特の説であろう。ジャーナリズムの酷使といえば、誰でも新聞小説を考えそうで、そういう考えが常識のようになっている。おまけに林さんは朝日に連載小説をかいていた。しかるに、平林さんに限って、林さんは新聞小説の犠牲で倒れたとは言わず、その他の群小出版業者が一様に小資本で企画に冒険が許されなくて必然的に人気作家を追いまわして商法の安定をはかる。その日本ジャーナリズムの一特異性が林さんを犠牲にしたものだ、と、極めて特徴のある論をなしているのである。

大新聞の注文だって人気作家に集中する傾向は目立っており、小資本出版業だけが小資本のために冒険ができなくて人気作家を追いまわす、とのみは云われぬものがあるようだ。そして平林説に異論をたてるとすればその点であろう。

ところが、宮本竹蔵という先生は、平林さんの文章の最も異色ある所論の反駁かと思いきや、それを否定しているために異色を生じているその否定の方を平林説と一人ぎめにしてそれに文句をつけて、林さんを殺したジャーナリズムと平林が云うのは朝日のことだろう、こう云ってるのだ。だが彼は平林さんの全文を読んでいないということが分ります。にも拘《かかわ》らず彼は実に怖れげもなく「平林がどんらん飽くなきジャーナリズムとは朝日ということになりそうだ」こうアベコベに推測し、アベコベの平林説をデッチあげた上でインネンをつけ、そのように読みもしないでインネンをつけることが文化人の所業としていかに羞《は》ずべきか、それは本来批評などというものではなくてヨタモノが人の言葉尻にインネンをつけると全く同じものにすぎず、文化人たる教養も礼儀も根柢的に欠いて、しかも省る色のないその厚顔恥なきこと、まったくユスリの暴力団と変るところはない。

ところが、平林さんの本文では、更にそれにひきつづいて、即ち、林さんは弱小資本出版という日本出版業の特性の犠牲になったようなものだと述べた後で、身を処すに思慮深い林さんが群小出版社の競争というウズマキにまきこまれたのは、自分の体力に対する過信からであった、と述べているのである。そして死に先立つにそう遠くない最近に、彼女は平林さんに心臓の不安を訴えたことがあって、そのとき平林さんはムリな仕事をやめるようにと彼女に忠告したが、心臓の不安を訴えるほどでありながら一向にその忠告をききいれそうもなく、更によほどの病気の不安に脅かされるまではムリをつづけそうであったと書いている。つまり体力を過信したことが急死の一因であるという意味のことを言いもらしてはいないのである。ジャーナリズムの過度の要求に応じてムリをしたのは林さんが体力を過信したマチガイにもとづき、その死の責任が林さんにもあることを明かに暗示しています。

ところが宮本竹蔵先生は、「ムリを強いたのはジャーナリズムの側だけだと平林は云うが、ムリの強制をひきうけた側にも罪はないのか。五分五分ではないか。一方的な言い方をすると逆効果で死者を辱しめることになる」と云って、自分の方が一方的な読み方をしていること、否、全文をよまずに架空の平林説をでッちあげて、そのお前の説は死者を辱しめる逆効果を生む危険があるぞと実に有りがた迷惑と申すべきか。こういう訓戒までオゴソカに申し渡してあると、この雑誌のように平林さんの本文が同時に載っているわけではないから、読者は本当に平林さんが死者を辱しめているかと思い宮本竹蔵先生の方が自分勝手の平林説を一人ぎめにでッちあげて、コキ下したり、訓戒を与えているのだとは知ることができない。実にヒドイと思うねえ。そのように人を傷《きずつ》けて、それで羞《はじ》なき人間がいかに小新聞とはいえその第一面の特設の欄に覆面の批評を加えるとは、その新聞がまた同列に品性の低いこと、教養の欠けていること、厚顔恥なきこと。ヨタモノが言葉尻をとらえて難癖をつけるような言論が横行してよろしいのでしょうかねえ。実に悲しむべき奇怪事ではありますよ。

さて同業の先輩にこう申し上げてはいささか気がひけるオモムキがありますが、平林さんの追悼文はいかにも時間にせまられて筆を走らせたものらしく、精読する者には論旨はよく分りますが、三分の一も読まないような宮本竹蔵先生は別として、電車の中などで目を走らせる程度の卒読の人に読み誤まりをされる怖れもあるようです。

それは林さんの死因をさぐるに先立って、「よく云われる『ジャーナリズムの酷使』が林さんの死を決定的に意味づける結果となった」と一応言いきったことで、その後の方を読み進むと、実はジャーナリズムの強要というものもそれをよくよく見るとドンラン飽くなきという放恣なものよりも大新聞以外の出版業者の資本が小さくて冒険的な試みができず、当り外れのない企画をたてて流行作家を追いまわす以外に商法がないという必然の結果を生じてそれが林さんの死の一因となったものであるという。結局平林さんはジャーナリズムの酷使ということに彼女の特別な見解を与え、解釈をほどこしている次第ですが、その限りの言い廻しとしては、論理もよく行きとどいてもいるし、分り易くもあるし、言葉穏やかでもあって、決してガムシャラに「どんらん飽くなきジャーナリズムの酷使」が林さんを殺した、と有無を云わさず、きめつけているワケではないのです。

けれども論理的に行き届いた解説をするに先立って、いきなり「ジャーナリズムの酷使が林さんの死を決定的に意味づける結果となった」とあるから、一応そう云いきったように見え、そのあとにテイネイな解説や補足があって、決してそうガムシャラに言いきったわけではないということが、そこまででは分らない。そしてその主旨の言葉はそこが終りで、一応そうきめつけたようにとられ易い弱点はある。すくなくとも、そこまでザッと目を走らせて、分ったような気になって、あとを読まなかった人にとっては、その意味にとられる怖れはあるようです。

もっとも、それは勤めの往復の電車の中でザッと目を走らせる読者からそんな誤読をうける怖れがあるという意味で、批評の筆をとる者は当然全文を精読する義務がありますから、これは別です。批評家が中途で読み止まって批評を加えることを許されないし、その先へ読み進む限りは誤読されるイワレはありません。が、とにかく若干表現上の不備、練り方の不足があって卒読者を誤読せしめる怖れはあったようです。

あとから真犯人が現れた話

さる五月十二日、東京丸の内署に沼田という一人の少年（一八）が「茨城県の堂守殺しの犯人は私です」と自首して出た。自供をきいていると犯行当時の模様についてあまりにも詳しく信憑性があるので同署では東京地検に連絡して堂守殺人事件を調べてみると意外にも次の事実が明になった。問題の事件は昭和二十三年四月二十一日茨城県結城郡蚕飼村の観音堂の中に三十年前から住んでいたヤミ屋の青柳宇一郎という六十九歳のお爺さんが何者かに頭を割られ絞殺され現金千円を奪われていたという事件で、現場付近に遺留されていた米の入った乞食袋を手がかりに、同月二十五日容疑者として住所不定小林三郎（三八）を検挙、続いて二十八日共犯として住所不定大内末吉（三四）を逮捕した。二人は警察、検察庁の調べに対して直に犯行を自供したので起訴され、一審の水戸地裁下妻支部でも犯行を認めたのでいずれも無期懲役の言渡しをうけ東京高裁に控訴、二審では最初から否認したが認められず、さらに最高裁に上告、小林は上告趣意書で次のように述べている。「（前略）窃盗容疑で捕われた友人の内妻から弁護料を頼まれたので、そこで大内と相談して四月十九日以前二三回行ったことのある蚕飼村の爺さん（被害者）のところへ行き〝米が一俵あるが買ってくれ〟と頼んだところ〝今日は金がないから明日にしてくれ〟というので、翌日また自分だけで行くと、買出人らしいのが二三人いて爺さんは〝今金が入ったから大丈夫〟といった。その夜自分と大内は吉沼村の農家から俵を一俵持出し、畠の中で袋に入れかえ二人ともはだしになり蚕飼村へ行った、〝今晩は今晩は〟と何度もよんだが中から返事がない。そこで大内が〝今晩は〟と声をかけ雨戸をあけて家の中をみていたが〝誰かが倒れているようだ〟というので自分も行って月の光に中をのぞいてみると、土間に裸で爺さんが倒れていた。その中大内が〝家の中に誰かいる〟といったので驚きそのまま裏の方に逃げ約三丁程はなれた西方の神社まで夢中で逃げ、そこでもっていた袋を〝こんなものを持っていると怪しまれる〟と道路の側に捨てた（下略）」と述べ、次の四点について不満をもらしている。①高橋の内妻吉田照子を証人によんでくれといったのに何故よばなかったか、②二人は当夜泥足で行ったのだから畳に足跡がついているはずだ、③大内が後から抱くようにして首を絞めたとすれば大内の着衣に血が着いていなければならぬ、④捜査主任は何故私に法廷でこの供述書に書いてある事をひっくり返す様な事をしてくれるなといったたか。――しかし大内小林の二人についても、二人がヤミの取引なので「昼は具合が悪いから夜来る」と爺さんに話していたにしても、深夜二時頃というのはあまりにも常識外れではないかというような疑問が残らぬわけではない。結局上告棄却となり無期が確定、服役したものであった。

しかるに沼田少年の自供は小林大内が強制せられて云われる通りの自供を行ったという兇行事実と符合するのみでなく、使用した兇器、鉈《なた》、薪、フンドシ（絞殺用）等も現場と符合し、特に「殺した後で屋内を物色していると、外で足音がきこえたので仏壇のかげに隠れているとヤミ屋風の男が中をのぞき死体を見てビックリして逃げ去った」というのが小林大内の不認供述に一致していた。そこで沼田の犯行はほぼ確実と見らるるに至ったが、一方すでに服役中の小林大内は同囚に向い無実だと云ったことは一度もなかったという。

尚《なお》、沼田はその事件の犯人として小林大内が捕えられ服役中のことを知らなかったものである。

誤審の由来にもいろいろ理由はありましょうが、まず容疑に多少とも不明瞭でアイマイなものがある時は、強いて犯人をつくらないことが誤審をさける第一の方法でしょう。ところが世間は世間で犯人が上らないと怒るし、容疑者を捕えると、容疑者らしくないと首をひねる。

私もツイ三日前に、伊東市に起った殺人事件を吟味して、息子が父母を殺した犯人であると論断して某誌に書きました。警察側も私と同一の犯人を推定して逮捕状をもとめたようですが、伊東市民の大半は教養もありおとなしそうなその息子が父母を殺す筈はないという人情的考察で彼を犯人にあらずと見ているようです。この事件は犯人がいろいろと現場に偽装を施したにも拘らず、多くの状況がただ一人の容疑のみを深め、そのほかにも犯人があるかも知れんという想像の余地がほとんどないぐらい、実にこんなに夥《おびただ》しく重大な状況証拠が一人にだけ重なっているのは珍しいような事件でした。ところが、そういう珍しいほど多くのシッカリした容疑事実にも目をそむけて、人情的見解や感傷につくという、理につくよりも情につきたいという、私はそういう俗情の動きが何となく言論無用という暴力団のように怖しく思われて、次第にたまらないような気持になって、その結果が思いきって親殺しを論断するという向う見ずな実行に至った理由の一ツでしたろう。真理はどうなるのでしょうか。俗情が真理を否定して、その不合理に気付かないばかりでなく、俗情にそむいて真理をもとめ理につくことが冷酷で、人でなしの所業で、悪行であり、情につく方が善意の人の所業で善行である。そういう俗情が国論となったら怖ろしいことになるであろうが、しかし、実に国をあげて俗情につきたがるような、そういうキザシなきにしもあらずでしょう。その俗情の横行に堪えられなかった意味があるのですが、とにかく公の裁判に先立って、息子の父母殺しを論証するという、それは私にとっても大変な決意を要することでしたが、しかし一方に、それは又あまりにも事実がハッキリと物語っているのですから、それに目をそむける多くの人々の方がフシギであり、ウソの犯人を論断する危険がないかという不安に苦しむことは案外少なかったのでした。しかし、むろん、他に犯人がありうるかどうか、考え及ぶ限りは考えつくした上で、その怖れがないようだという確信があって、やったことです。殺人事件の犯人をその逮捕前に論証して発表するということは、私のようなガラッ八《ぱち》でもよほどの確信と決意がなければできることではありません。警官や裁判官のように一人の罪を公に断ずるものではないとはいえ、ある息子を両親殺しの犯人と断じて発表してマチガイであった場合には、筆を折る覚悟はいりましょう。可能なあらゆる細部にわたって考察を重ねた上で、彼の容疑をくつがえしうるものがありえない、他の何者も犯人ではありえない、という確信が他のいかなる証拠によっても疑われる余地なく納得できなければ、とてもやれるものではありませんね。

しかし、伊東の殺人事件の場合には、甚だ多くの手がかりがあって、状況証拠だけでも(物的証拠は当局の正確な発表がないから分りませんが)抜き差しならぬ性質の容疑を証明しておって、そのほとんど全てのものがあげて一人の容疑のみを深めていますから、犯人の自供をまつ必要なく、抜き差しならぬ犯人と推定することが可能であったようです。

これに反して、犯人の自供以外に決定的な証拠がないという事件があって、この事件もそれに類しておりますが、終戦前までの日本は、こういう時に自供が最大の証拠となったものですが、自供を証拠に用いるということは警察制度の智脳的な発育を害し、いつまでも伝馬町の性格をまぬがれぬという危険がありますね。その一例に類するものが今回のこの事件でありましょう。当人の自供の有無に拘らず、決定的な物的証拠によってのみ犯人か否かを定めるのが何よりですが、そう確実な物的証拠のない事件が少くなくて、たとえばこの事件のように被害者も容疑者も浮浪者まがいのヤミ屋や窃盗常習者だという場合にこれという物的証拠もない。こんな事件に限って世人も関心をもちませんから、取調べもゾンザイになり、自供があると、多少の納得しかねるところが現場の状況などに残っていても、ピッタリ合う証拠だけとりあげて犯人ときめてしまう。だいたいどの事件の証拠を見ても、これが犯人だときめてみると大がいそれで間に合う性質があるもので、浮浪者と窃盗常習者の殺人事件であるからというような心の弛みが無意識のうちに働いたときには、その考察はすべてにカンタンに間に合って、裏の裏まで行き届く鋭さを失いがちだろうと思われます。

そのせいかどうか、それは断定の限りではありませんが、この事件の論証法には犯人の自供の方に主点があり、その他の状況にも疑わしいものがあるけれども、自供に符合する証拠だけをとりあげ、そうでないものは不要なものとして顧みなかったようなところがある。

前掲の事件の概況を記した文章の末尾にちかく、それはこの記事を受けもった新聞社の人の私見かも知れませんが、小林大内両名がなお犯人でないかも知れぬと疑う余地はあったが、一方に、深夜の二時に米を売りに訪問するということは常識では信じられぬ弱点でもあった、と云っております。

しかし、これも、彼ら両名が被害者に売るはずの米は農家から盗んでくる米である。定まる住所のない両名が前もって米を盗むと隠し場所にも窮するから、結局当日盗みだしてきて直ちに処分するのが自然であるが、日中盗むわけにはいかないし、宵のうちもまたこまる。また、同じ村の農家だと足がつき易いと見てか、両名が盗んだのは隣村の農家からで、その距離は分りませんけれども、これを持参の袋に詰めかえて被害者宅へ運んできたら深夜の二時になったとしてもフシギではなく、それで話の筋は通っているのではないでしょうか。だいたい浮浪者で窃盗常習者の両名と、そういう人間と承知で取引きしているヤミ屋との取引ですから、普通人の常識や生活に当てはめて訪問の時間が妙だというのは、むしろ彼らの生活の真相を見あやまるばかりで、彼らの供述が世間の常識に反していても彼らの特殊な流儀に於てツジツマが合っていた方が、むしろ嘘がなくてホンモノの供述であるらしいという考え方も成り立つだろうと思います。

最高裁へ上告に当って彼らがもらしたという四ツの不備のうち、二と三の不備は、自分らが強いられて行った自白のような方法で被害者を殺したとすれば、現場の様子が事実とちがっている筈である。彼らはこう云って相当に重大と見られる反証をあげております。即ち、二人が被害者を訪問したときは泥足のままであるから、もしも自供の如くに室内へあがって彼を殺したのが事実なら、タタミの上に泥の足跡がなければならぬ筈である。ところが自分たちは土間で被害者がすでに屍体となっているのを発見して室内へあがらずに逃げだしたから、タタミに足跡がなかった筈である。また、ねている爺さんの頭をナタできりつけ、苦悶して土間へ倒れてのちに大内が後から抱くようにしてクビをしめて殺したと自供したのが事実なら、大内の着衣に血がついていなければならぬ筈である。自分らが犯人であれば以上二ツの自供と食い違うものが生じている筈であると述べています。

犯行後、小林が四日すぎて捕われ、大内は七日目に捕われた。血のついた着衣の始末をするには充分な時間があったわけだが、着衣に血痕の有無とか、血のついた着衣の処分とかは当然逮捕直後に訊問して証拠かためがあるべきで、容疑者から調査の依頼がなくとも一審の判決前にケリがついており、その調書があるべきであろう。

タタミの足跡も同断で、現場検視のソモソモの時から足跡の有無や、足跡があった場合にはその特徴等について足型もとっておくなど、誰に頼まれなくとも調査が行きとどいていなければならないでしょうが、その行き届いた調査があったかどうかは不明です。しかし、彼らがその晩たしかに泥足であったことは何によって証明するか。足跡を自ら拭き消してから退散したこともありうる。それは彼らが今日に至って反証をあげても、それを無力にする理由となりうる。

しかし泥足の証人がないということは、彼らが泥足であった証明にならないだけのことで、彼らは泥足でなかった、という反対の事実を証明する力はないのである。またタタミの足跡を消したという証拠があれば、足跡があったという反対事実を証しうるが、消したかも知れぬとだけでは、なぜ足跡がないかという証明にならない。ただ要するに、そこに足跡が残らぬ筈だという被告の言葉は一方的でそれを証明する力がないということであり、裁判官の心証が彼らを犯人とみる方に傾いておれば、彼らの反証は無力であると認定せられるであろう。

しかし、泥足の証人がないということは、泥足であったという被告の主張とその証拠の力に於て五分五分に対立しているだけのもので、泥足でなかったという確実な証人がでなければ本当に否定する力にはなり得ないわけだ。裁判官の心証によって、証拠の力が五分五分の一方へ傾くのは当を得たものではないね。しかし、浮浪者や窃盗常習者がヤミ屋を殺したというような極めて有りそうな事件では、被告に不利な心証の傾斜が加わり易いのは裁判官も人間であるからには有りがちなことで、誰しもオレは別だと云いたいでしょうが、却々《なかなか》もって。とにかく大いに反省用心して、常に慎重に傾斜を正しく考察を新にするような心構えがガッチリしていても傾斜し易いのが人情でしょう。

小林大内が犯行を否認して自分らの当夜の行動としてのべている事柄の中から、犯人であるかないか、かなり明確に定めうるカギはあったと思います。彼らはその晩、農家から一俵盗みだし、袋に詰めかえて被害者宅へ持参したといい、結局、附近にすてられていた米のつまった袋が容疑の端緒となったのだそうですが、盗まれた農家も、俵の米を詰めかえた場所も実在しなければならぬ筈であるし、その反対に、被害者宅の貯蔵の米が何者かによって詰めかえられて運びだされた形跡があったか。最初の現場検視が厳重に細部に行きとどいていて、彼らの供述に応じて直ちに事実との照合が厳密になされたなら、彼らが被害者を殺した犯人ではない、という証明はそこからは直接に得られないにしても、盗んだ米を袋につめかえて売るために持参したという供述の真偽は得られたであろう。

そこまでの供述の真偽が決定すれば、すでにそのときからタタミの上の足跡の有無が中心的な問題となった筈で、土間へふみこんで被害者の屍体を発見しておどろいてすぐ逃げた、という供述の真偽が、犯人か否かを決するものとして調査のヤマとなるべき筈であったろう。しかるに、最高裁への上告に際してようやくこのことが被告の不満としてもらされているのですが、それは逮捕直後の取調べの発端に於て手落ちがあったことを示していないでしょうか。

こうして真犯人が現れた以上はすでに明白でしょうが、犯人でなかった二人が逮捕されるや直ちにやりもせぬ犯行を自供することは有りえず、一俵盗んでつめかえて被害者宅へ持参して屍体を発見して逃げたテンマツを先ず第一に述べたり言い張ったりした筈でしょう、その供述に応じて取調べの発端から真偽の調査がなければならぬ筈でしたろう。そして、逮捕直後なら、米の盗難も詰めかえ場所も、その真偽は立証できた筈であろう。二審に至っては、もうムリだ。事件直後でなければ立証できない性質のもので、彼らは実に気の毒と申さなければなりません。

要するに事件発生直後の現場の調査が行き届いておって、容疑者の逮捕直後に彼の供述の裏づけをもとめて正確メンミツに供述の真偽を実地に照合しておれば、まず誤審の第一段階はさけうる性質のものだと云えましょう。この事件には、その重大な第一段階にメンミツな実証作業を欠くところがあったようですね。

さて、二審に至ったときに、一審の自白をひるがえして、無実であると主張して新しい供述をしたそうですが、もうその真偽をたしかめることはできない。わざと今ごろになってから真偽のたしかめようのない供述を行ったという風に悪く解釈もできるけれども、そういう仮定が慎しむべきであることは云うまでもなく、第一審に無実の主張やその証拠となるべき供述が行われなかったのはナゼであるか、徹底的に追求がなさるべきであったろう。そして追求の結果として、逮捕直後にその供述が行われたことがあったが、その裏づけの調査に欠くるところがあって、今となってはその真偽を明かになし得ない。そういう事情がハッキリしたとすれば、第二審の今日に至っては時日を経たためもはや真偽立証の道がないが、立証不能ということは、彼が犯人であるかないかの証拠としては五分と五分で、彼の供述を否定する事実なき限り立証不能の責任は容疑者の方にはないのである。したがって、他に被告の犯行を決定的とする証拠がない限りは、犯人に非ず、こう断ずるのが至当であろう。

しかるに、彼らが自白をひるがえした時に、その理由の追求がどこでアイマイになってしまったのか見当がつかないが、よしんば盗んだ米を運んで被害者のところへ売りに行った時にはすでに死んでいた、その供述のうち米を盗んで袋につめかえて被害者宅へついたのが午前二時であったというところまでが事実であるとしても、彼らが到着した時にはすでに被害者は死んでおって、だから犯人ではない、そういう証拠は前段の事実だけからは出てきません。ただ、そこまでの供述が正しいから、次に、彼らは土間で屍体を見て室内へ上らずにすぐ逃げたからタタミの上には足跡がなかった筈であると主張していることも再調査の必要があろう、カンタンにウソだろうと片づけるわけにもゆかぬ、ということにはなりましょう。

彼らの身になって考えてやれば、せっかくの米を途中で捨てて逃げたのも、ヒョッとすると自分らが犯人に疑われる心配があるということで、殺人に当って指紋を残さぬために手袋を用いるだけの要心を心得た犯人が指紋よりも手がかりになり易い自分の袋に米をつめたまま捨てて行くことは首尾一貫を欠いてダラシがなさすぎる、ちょッと理窟に合わぬ、変だ、と見ることもできましょう。

彼らは犯人ではないくせに、そう疑われる不安のために心が顛倒《てんとう》して、疑いの元になるのも気付かずに自分の袋につめたままの米をすてて逃げた。疑われる不安の方だけ強くて、犯人でないことを立証する自信もないし、無実を主張する以外に具体的な論証法の心得もない。そういう彼らであるから、疑いの手がかりとなる米袋を捨てたのでしょう。これが無実に泣く人の性格でもあって、彼らは服役後、一度も自分らは無実だともらしたことがなかったそうですが、あきらめてしまって、ジタバタせずに恩赦で刑期をちぢめる方が得だと考えたのかも知れませんが、教育のない人たちの中には、国家社会の運営は自分らとカケ離れたもので、無教育な自分の意見など言い立ててもダメなものと諦めきってる者も少くないものです。

これらの人々のためには何よりも弁護士が必要だが、それも特に逮捕直後に於て必要だ。なぜなら、証拠が生きているのは事件発生後きわめて短い時間だからです。

ドッグレースの話　辻二郎

先頃衆議院の農林委員会でドッグレースの法案が審議され、其時《その》自分が公安委員として呼出され、意見を求められた際、積極的に反対しなかった為にある新聞にひどく叩かれたと云う事があった。昨年競輪廃止の要望決議を提出した自分が、競輪同様に賭博的なドッグレースに反対せぬのは怪しからんと云う云分であった様である。是《これ》には二つの間違があったので、其第一は当時自分が会長をして居た犬の協会から、自分の知らぬ間に会長名で請願書が出て居た事と、第二は昨年の競輪廃止の要望の理由は「治安上害がある」と云う事で賭博的である事は要望書には一つもなく、従って宝くじ、競馬、オートレース等には触れず競輪だけに反対したのであったが、其点が一部の誤解を招いた事である。公安委員の自分が競犬法の請願人になる等と云う事は自分でも呆れた位だから、事情を知らない記者が公憤を感じるのは無理も無いのである。然《しか》し公憤のあまり筆が走り過ぎてか、自分の発言を相当に歪曲して書いた事実はジャーナリズムには時には有りがちの事だが、自分としては甚だ迷惑で、其の事情は自分が東京新聞（五月三十一日）に書いた通りである。廃止の要望に国警公安委大会の決議で「治安を乱し、青少年が犯罪を犯す」点だけを取上げたのは公安委員と云う立場からは当然の事である。此《こ》の要望は国会では取上げられず競輪は再開したが昨年一月から九月迄《まで》に四十七件起った警察沙汰は再開後の五ケ月間に三件に減って居り、要望の効果だけはあった様で、四月の公安委大会には議題とならず一応静観の姿である。

宝くじ、競馬、競輪の様な公認賭博的なものに就《つい》ては公安委員としてよりは寧《むし》ろ一般国民の一人として検討すべきもので、可否いずれの側にも多くの議論が成立するであろう。是等のかけごとは戦前ヨーロッパではいずれもなかなか盛であり皆が人間通有の賭博的興味？　を大いに楽しんで居た事は筆者も目撃して来て居る。然し文明国でやって居るから其のまま日本でもやるべしと云う結論にはならぬかも知れない。と云うのは欧洲の此種競技場では昨年の競輪騒ぎの様な警察沙汰の起ったのを殆《ほと》んど聞かない。日本での運営方法が悪く観衆の賭博神経を刺戟《しげき》し過ぎると云う事があるかも知れぬ。或《あるい》は国民の教養節度が低く、こうした競技を楽しむ資格が無いと云う事かも知れぬ。若《も》しそうとすればそんな国民にはまだ早過ぎる。幼児に花火を持たせる様なものだと云う事になる。いずれにしても競技の為に白昼公衆の面前で、放火、強盗、殺人、傷害と云った犯罪を頻発させる様な事ならば好ましからずと云われても止むを得ないし、ひいてはこうした惧《おそれ》のある一切の競技迄白眼視される事になる。分けても青少年への影響は憂慮されるものがあり、未成年者入場禁止或は競技券禁止等も研究問題で、すべてこれらは国会の議題として充分論議を尽すべきであろう。

自由を尊重する民主主義の世界には成可《なるべ》く禁則の少い事が望ましい。然し其為には禁則が無くても問題を起さない様な立派な国民になる事が先決問題である。

世の中には色とりどりの愉しいこと面白いことがあった方がよろしいな。ドッグレースなどというものも、あって悪かろう筈は一ツもないね。しかし、運動会の余興かなんかにやるのはよろしかろうが、まず当分は犬券などの発売は見込みがなさそうだ。八百長以上の大騒動になるのはウケアイ。なぜなら、ドッグレースに向く犬が、日本には少いのだから、仕方がない。

まア、シェパードは訓練次第でレースに用いられるかも知れんが、全然ダメなのは日本犬である。日本人は外国のことを知らずに一人ぎめの国粋主義者が多いから、日本犬というものを大そう買いかぶっているけれども、日本犬というものぐらい手に負えないバカ犬はないのである。

一生一人の主人にしかなつかない、二主に仕えず、という、なるほど日本のサムライの賞讃を博するに適した犬であるけれども、日本人はバカでも忠義なのが何よりだと考えて、バカということを問題にしていないから、共同の作業をやらせると大変なことになってしまう。

主人だけに仕えるということは、主人の命令でないと動かん、主人が居ないと一人前、イヤ、一犬前には立居振舞いができんということで、主人と合せてようやく一犬前、主人が居て命令し、犬はその顔色をよんでから動きだすことになる。けれども、犬の競走だもの、主人が犬と一しょに走るわけにはいかんし、さすれば犬は途中で主人と離れるから、どうしてよいかと途方にくれてウロウロと主人を探しはじめるし、一犬ウロウロして万犬ウロウロし、ウロウロ犬同志で喧嘩がはじまる。横丁の勝手口とちがって喧嘩をやるには申し分のないフィールドがあってワンワン、ウーウーやりだせば先頭に立ってまちがわずに走っていた二匹か三匹の感心な犬も、サテハ敵ニ計ラレタリ、我オロカニモ先頭ニ走ッテオクレヲトリシカ、一大事、とコウベをめぐらして、競走の方を忘れてフィールドの喧嘩の一団へフンゼンなぐりこみをかけるに極《きま》ったものなのである。

一番たしかなのは犬と一しょに主人も走れば犬も心配せずに、また喧嘩も起らずに無事トラックを一周することはいくらか確実であろう。けれども、犬と犬のオヤジと一しょに走ると、これは犬の競走ではなくて、オヤジの競走である。犬より早いオヤジがいる筈がないもの、犬券を買うお客は、犬の走力ではなくてオヤジの脚力を調べなければならんな。しかし、オヤジの脚力だけ調べたってダメだね。魚屋のアニイが愛犬と一しょに必死に先頭をきると、八百屋のハゲ頭の愛犬がハゲ頭の心臓マヒを心配したわけではないが、とにかくハゲ頭の一大事であるというので、魚屋のアニイのスネに食いいってしまう。それから後は人間と犬が一かたまりに、どういう目的不明の大闘争が展開するか、お分りであろう。最初に噛みついた組と、噛まれた組の人間と犬には各自の闘争の原因や理由が分っているかも知れんが、それを発端として各人の愛犬が各犬コモゴモ逆上熱戦を展開の後は、どの犬とどの人間にとっても自分の闘争の目的も相手も理由も全然不明である。とにかく犬人ともに現に必死に相闘いつつあるから相手は敵であり、そのために必死に闘わねば相ならん。その時さすがにデンスケ君は自分の駄犬をソッと陰に隠すようにしながら喧嘩の一団をはなれてトラックへあがると、ゴールめがけて抜け駈けをやる。と、デンスケ君よりも頭のよい山際さんがオーミステイクと云って先に走っているから、デンスケ君は死に物ぐるいに追走してゴールインとともに山際さんにムシャブリついて小僧同志の大乱闘となる。犬の先手をうつような闘争的な小僧さんなども現れるな。しかし、ここまではレースを行う選手の側の話である。

以上のレース経過をたどって、山際さんの犬とデンスケの犬で連勝式一二着と相なったが、本命の魚屋と対抗の八百屋と、その他の入賞候補の注意犬がみんなダシぬかれて負けてしまい、一番名もない駄犬が一二着。見物人はオーミステイクと云って済ますことができんというので、方々に火をつけて大変な騒ぎになる。

日本犬というものはダラシがなくって、主人が居てくれないと一犬前に喧嘩もできない弱虫だから大したことはないが、シェパードのレース中にこんな騒ぎが起ると、見物人もイノチガケですよ。

日本犬も訓練次第で、いつかはレース向きに仕込めるかも知れませんが、とにかく日本犬は主人持ちでようやく一犬前となって、バカはバカなりに一途に番犬の役を果す。それだけが取り柄なのだが、一生ケンメイ訓練してバカながらもレースをやることだけは一ツ覚えに覚えこんだとなると、主人もちで疑り深くて誰にもなれない根性を忘れて、番犬というたッた一ツの取柄の方がなくなってしまう。バカを利巧に教育するというのは人間の場合だけで、犬は訓練したってバカの一ツ覚えという役に立つだけで、バカの素質そのものはダメであるから、日本犬がレースができるようになったって、一向に犬種向上にはなりません。一方を覚えると、一方を忘れるだけで、どっちみちバカは治らぬけれども、要するに日本犬はよその犬と喧嘩せずに駈けッこができるよりも、主人持ちで性こりもなく人に吠えるバカなところだけが取柄なのであります。

日本に多いシェパードは利巧な犬ですからレース犬に利用するのはカンタンでしょうが、これは人間の他の生活に利用して相当有能な役割があって、その性能は駈けっこよりもよほど複雑な役目を果す素質があるから、駈けっこに用いるのはいささか役不足であろう。

同様にポインターやセッターを猟犬本来の訓練をやめてレース用の訓練に力をそそいでレース犬に仕立てたところで、全然犬種ダラクで、向上とは申されぬ。

要するに競犬をやるのはよろしいが、犬種向上改良などと美名をつけずに、グレーハウンドを海外から買いもとめて、本来バクチ的公衆娯楽として競犬をやりなさい。公衆に娯楽を提供する目的でもあるが、またそのテラ銭の必要によって競犬をやる、そう表明して世をはばかる必要はないと思うが、有りもせぬ美名をつけて犬の智脳向上改良などとはムダな話であるし、世を偽るものでもあろう。

馬というものは概ね走るだけが能であるし、その取柄や役割も主としてよく走ることが基礎となっているのだから、競馬が馬種向上に役立つとは筋の通らぬ話ではないが、犬の取柄や役割は走ることではありませんな。喧嘩の負け犬は逃げ足の必要があるが、猟犬、番犬、牧羊犬、警察犬、盲導犬、愛玩犬のどの素質の基本にも特に速く走るということが重大な要件とはなっておらん。もッと複雑な智脳や訓練を要する特技によって素質の良し悪しが定まるもので、速く走るということはその犬の素質として決して重要ではない。

だから、競犬ダービーの優勝犬の血統から、猟犬、番犬、牧羊犬、警察犬、盲導犬、愛玩犬の優良種が生れると本気に宣伝する気なら、それが何犬の協会の御発案か知らんが、どうも智脳の程度が犬に似ているのじゃないか、精神智脳鑑定を要する問題であろうなぞと疑わざるを得んですな。

なるほど、競馬をはじめ、競輪、オートレース、いずれも馬や自転車や自動車の品種改良向上と云ってるけれども、いずれも早く走るのが主目的な動物又は機械であるから、向上改良の筋は立っておりますよ。今までの競何々はそうだったが、しかし、券を売って競走するものは、なんでも品種改良向上のためだときめてはいけませんな。

人間にも駈け競走というものがあって、これにプロをつくって券をうることもできない筈はないが、その優勝者の血統から大博士、大臣、大軍人、大音楽家が生れると云うようなことは、まさか陸上競技レンメイの会長でも云わないと思うな。競輪だって自転車と人間と二ツ合して一組となって競走するのだけれども、品質改良向上というのはもっぱら自転車の方で、決して人間の方の品質向上改良とは云っとりませんな。

私は議会とやらへ提出中の「畜犬競技法案」の目的として向上改良というのを新聞でよんだ時に、日頃ウチの日本犬のワケも分らずに忠義専一、バカなのには音をあげてるものですから、何と勇気ある方々よ、と、そぞろにキモをつぶしたのです。犬の競走というオナグサミを提供して同時に地方財源としてテラ銭をかせぎたい、これが本当のところであろうし、それだけで充分であろう。競犬にも遊びとテラ銭かせぎのほかの役に立つ任務があるということを書き加えておかないと、お役所のハンコがもらえない。何事も大義名分という形式の問題である。国家に形式主義が行われる時は、亡国か革命の前夜であるとは諸国の歴史が証明しているのであるが、いい加減な大義名分だけは一度戦争に負ければタクサン、もうコンリンザイやめにしてくれないかねえ。もっと利巧になりましょうよ。

公安委員会が競輪禁止を決議したのは「治安に害がある」という理由で、賭博がいかんとは一言も云うておらんと仰有るのも、形式的な屁理窟でしょうな。

競輪にゴタゴタが起るのは八百長レースらしきものがあって一部の観衆が騒ぐのであるが、八百長レースは競馬やオートレースにもないとは云われん。また競馬やオートレースの見物人の中に火を放《っ》けたり暴動を起すことが好きな人物がまぎれこまないとは言われない。この二ツがいつダブることによって騒動になるか、誰も今後の保証はできん。可能性の問題であって、今までなかったということは今後の保証に無力であるが、それが保証になるようなら、競輪の方にも今後は騒ぎがないかも知れん、という希望だけでも一ツの保証となろうさ。可能性としては、同じことなんだからな。

八百長レースと火つけ人種がダブッてゴタゴタを起すのもその根本の原因はトバクであるためであるし、八百長レース火つけ人種がいつダブるか知れんということは人為的にどうすることもできないのだから、治安の害ありとせばトバクのせい、トバク禁止という結論に至らないのがフシギではござらんか。治安の害とトバクとが表面的に独立した言葉の意味をもっとるから、競輪禁止の決議は治安の害によるもので、トバクだからということは一言も言うとらん、こういう形式上の言い訳で表向き間に合うのかも知れんが、それで表向き間に合うというのは危険なことですなア。一ッ間に合いはじめると、天下国家に表向き間に合わんものは一ッもなくなってしまう。

なるべく禁則はしない方が望ましいと仰有るのはその通り。あれもイカン、これもイカン、と禁止して、人間どもを檻の中で飼うことによって国を治めるのはバカ殿様でもできる。

競輪場のゴタゴタを放火傷害強盗殺人と仰有るが、私のように競輪場に行きつけている者の目から見ればそう大ゲサなものではなくて、ちょッとした一ッのものをつけ加えると、それは愉しい遊びの雰囲気になりうる性質のものなんですね。

先々月大阪に競輪の近畿ダービーが行われたが、その女子決勝レースが珍なことになってゴタゴタが起った。実にこれは珍なるレースで、三千米《メートル》決勝レースの二千九百米余が終り最後のコーナをまさに曲りきって直線コースにかかろうというところで、先頭の松下嬢のクリップが外れて転倒、すると次から次へ折り重なって八名の選手のうち七名がころんでしまった。一番ビリにおった選手だけが難をまぬがれ、そこからゴールまではたった百米だし、目の前に全部倒れてしまったのをチャンと見届けていらッしゃるから、あせらず、あわてず、一人静々とゴールインあそばす。某競輪雑誌がこの独走ゴールインの写真説明に曰《いわ》く、

「御覧の如く孤影悄然《しょうぜん》と、また独り悠々とゴールイン。もちろん一着！」

車券が外れて、よほど口惜しかったんだね。しかし、情景目にみる如く、名文ですよ。

ところが、これが大騒動になった。というのは、七名ころんで一人だけゴールインではレースが成立しない。二着三着までないと、レース不成立で無効レースになり、車券全部払い戻すことになる。とんでもないのが一等になったから、五万枚の車券がすでにダメの運命であるが、しかし、天がワレに味方して、ほかの七名が全部ひッくり返ったから、レースになるまいと思っていると、ドッコイ、そうは問屋が卸さんな。ダービーの決勝レースだから、二等でも、三等ですらも、賞金が大きいや。三等の賞金だって、ふだんの一着よりも高額なんだから、そこは女の子さ。カラの蟇口《がまぐち》をにぎりしめてる五万人の溜息なんぞ問題にしていられれん。さて起き上ってシャニムニ駈けだす段になれば、「誰が先に起き上って駈けだすことができるかと云えば、一番あとからころんだ子にきまってるな。したがってこの子は七番目にころんだほどであるからこれも全然人々が券を買わなかった弱い子に

きまってるんだね。これを競輪雑誌の記述をかりると、

「よせばよいのに米田選手がモクモクと起き上って……おさまらないのは群集である。何がおさまらないかと云えばレースが成立したからである」

そこで夜の九時ごろまで騒いでいた観衆もあったそうだ。これを大マジメに暴動暴行とそっち側からだけ見ればそうでもあるが、大がいの人は笑わずに読むわけにも行きますまい。例の競輪雑誌の記事によれば、ファンはストリップを見物にきたわけではないから、転倒した若き七ツの女人像が苦悶の姿態なやましく、いかにのたうッたところで全然よろこばない。神にホンロウされたミジメな人間の苦悩の物語りでありました、と書いてるよ。題して豊中（競輪場の名）凸凹騒動てんまつ、とある。

この記者は暴動に関係はある筈がない。しかし、記者であるから騒動の終りまで見届けたのだろう。けれども彼もマンマと神にホンロウされたミジメな人間の一人であったに相違ない証拠は、文章を読めばすぐ分る。大そう口惜しく、ウラミ骨髄に徹する如く徹せざる如く、七人の女の子が苦悶の姿態なやましくのたうッても全然うれしくなかった心境がさこそと察せられるのである。

暴徒と、この記者のユーモアとは紙一重の差で、たった一枚の紙の差によって、ウラミ

骨髄に徹する如くであっても、同時に徹せざる如くでもありうるかのような、人生をこれ凸凹と観ずる境地に至りうるのである。人間の日常には、誰しもこれぐらいのユーモアはあるのですよ。特に大阪人には云うまでもないことで、この現実的に切迫したユーモアは大阪の労働者の巷々にあふれている性質のものですよ。だから、それは実に紙一枚の差で、ただ日常の精神にかえりさえすれば、なんのこともありやしない。ストリップみたいなもんナンボ見たかてアカンワ、と車券をビリッとちぎって、エイッとすて、なんとなくウラミを骨髄から外すぐらいの寛仁大度《かんじんたいど》に日頃の心得なき方々ではない筈なのである。

競輪雑誌の記事はたくまずして観衆全体に内在するユーモアを適切に描破しているではありませんか。

競輪騒動も、内実はみんなこのようなもので、紙一枚の差で、むしろ愉しい遊びの雰囲気へひッくり返ることができる性質のものです。競輪をやってる者にはそれがよく分るのですよ。これをただ悪い一方に、放火傷害強盗殺人などと云う方がどうかしている。競輪人種という別のフテイなヤカラがいるわけではない。この理がお分りになれば、何を禁止するなどと騒ぐ必要もなく、人間の共同生活の前途は明るいものですよ。

暗い哉　東洋よ

※一九四九年、漢学者の塩谷温が元芸者の長谷川菊乃（晩香）と結婚。巷では「老いらくの恋」と話題になったが、その二年後、菊乃は伊豆海岸で自死を遂げた。

奈汝何　節山居士

抑々《そもそも》男女室に居るは人の大倫であり、鰥寡《かんか》孤独は四海の窮民である。天下に窮民なく、人々家庭の楽あるは太平の恵沢である。家に良妻ある程幸福はない。私の前妻節子は佐原伊能氏の娘で、実に貞淑であり、私の成功は一にその内助に依り、その上二男三女を設けて立派に嫁婚を了《お》えた。憾《うら》むらくは金婚式を挙ぐるに至らず、私の為に末期の水を取ると臨終の際まで言いつづけて遂に亡くなった。晩香はこの節子の果たし得なかった役割を演じて呉れるべく、突如として現われたので、私の晩年は御蔭で幸福であった。私は継配として迎える以上、正式に結婚するつもりであったが、入籍のことは晩香が固辞したのでそれに従った。晩香は己れを詐《いつわ》らず、極めて恭順な態度であったから、私の近親もよくその人となりを諒解し、一年の間には相親しむ様になり、私も大に安心した。然《しか》るに入籍させなかったから今回の不幸を見るに至ったというものあらば、晩香の真情を知らざるものである。

要之《これをようするに》私と節子との夫婦生活は愛と敬とに終始したが、晩香とは愛の一筋であった。晩香は長岡での全盛時代、偶々《たまたま》軍需景気の倖運児の妾となったが、元来妾という裏切り行為を屑《いさぎよし》とせず、断然之《これ》を精算して、自ら進んで名家の正妻となったけれども、散々苦労の末、遂に破鏡の憂目に遭った。世の荒波にもまれながらも、よくその心の純真さを失わなかった。泥沼の蓮とは晩香のことである。(二十五年三月号の主婦と生活に詳《つまびらか》である。)私は晩香の純情を愛した。晩香も亦《また》私に由り、私を通して、始めて真の愛情を知った。私から受ける直接の愛ばかりでなく、私を取りまく人々の意気に感激した結果である。尾崎士郎君は「夢よりも淡く」と評し去ったが、夢ではなく、現実であった。即ち晩香は小田原に於《お》ける漢文素読会を生んだ。固《もと》より私を中心としての学生会であるから、私は生みの親であるが、晩香は育ての親であった。学生の晩香を追慕する情は誠に涙ぐましいものがある。晩香亡き後、私はむしろ二三子の手に死なんと願うものである。（と言っても決して長男夫婦の孝志を辞する訳ではない。）

　私の心境は伊東火葬場の棺前で述べた通りである。神仏の前には身分の相違はない。新憲法も人権の自由平等を認めて居る。棺前に立った時は塩谷温対長谷川菊乃であった。之が人間の真の姿である。穂積博士の脳髄は医学の好資料となった。私は俎上の魚となった以上敢《あえ》て逃げ匿《かく》れはしない。内外の学者文士、評論家に由って私の人間味を忌憚なく縦横に評論して戴きたい。戦後派諸人の反省する所となり、人道の扶植に寄与するあらば幸甚である。或人は「恋は内証にすべきもので公然なすべきものでない」といい、又或人は「先生の愛は僅に一年有半に過ぎなかったが、それは圧縮した一篇の詩である。長くなれば散文になってしまう」といった。夫《そ》れ然り豈《あに》夫れ然らんや。嗚呼《ああ》私は是にして公は非なるか、美人は薄命か、薄命なるが故に美人か。仰いで天に問えば天は黙々。俯して地に質せば地は答えず、菊乃菊乃奈汝何。（七月三日於小俵晩香庵記）

私の姪が自殺したことがあった。年は二十。自宅の前の堀へ身を投げて死んだ。自家用の堀だから、深くない、底に小石を敷き、山の清水をとりいれてめぐらしたものだから、キレイに澄んでいて深さよりも浅く見えるかも知れないが、雨後の満水時でも腰よりも深いとは思われない。姪は一滴も水をのんでいなかった。飛びこむ前に覚悟の激しさに仮死状態だったかも知れない。しかし、自殺には相違ない。深夜、一時と二時の間ぐらいに寝室をでて身を投げた。神経衰弱気味で、小さな弟に、

「一しょに死なない?」

と誘ったこともあったそうだ。

姪の方が菊乃さんよりも原因不明の状態である。婚約がきまって本人も満足していた時であったが、胸を病んでいた。しかし一応全快後で、病後には私のところから東京の女学校へ通っていた。明るくて、表面は甚だしくノンキな娘であった。あんまり宝塚へ通いすぎるというので私の母に叱られたことがあったが、この娘はいささかもヘキエキせず、巧みな方法で母を再々宝塚見物にひっぱりだして、いつか年寄りをヅカファンにしてしまった。ヅカ見物が公認を得たのは云うまでもない。生きていると、いくつかな。菊乃さんよりは若い。姪の故郷は長岡藩の隣りの藩に所属している。そしてサムライではないようだ。

誰が自殺するか、見当がつかないものだ。私が矢口の渡しにいたころ、近所の老夫婦が静かに自殺していた。小金があって、仲がよくて、物静かで、平穏というものの見本のような生活をしていた人である。子供がなかった。世間的に死なねばならぬような理由は一ツもなかったらしいが、すべてを整理し、香をたいて、枕をならべて静かに死んでいたそうだ。

塩谷先生は菊乃さんが自殺したと説をなす者を故人を誣《し》いるものだとお考えのようであるが（同氏手記「宿命」——晩香の死について——週刊朝日八月十二日号）誰が自殺しても別にフシギはないし、自殺ということが、その人の、またはその良人《おっと》の不名誉になることだとも思われない。

浜辺に下駄がぬいであったということは、偶然死よりも自殺を考えさせるものであるし、殆《ほとん》ど水をのんでいなかったということは、思いつめた切なく激しいものによって、目当ての死に先立って死んでいた、そういう一途な思いつめたものを考えさせます。先生がたまたま通りがかりの仏寺の読経をきいて黙禱した。と、仏寺の主婦が現れて茶に誘ったという。それを菊乃さんの死の時刻と見、霊のみちびきと見るのは、あるいは然らん。死しても魂の通うお二人であったでしょう。しかしながら、菊乃さんに自殺の理由は甚だ多くあってもフシギではありますまい。平穏円満な生活の裏にも破綻は宿っているものです。彼女は神経衰弱気味であった由、これほど彼女の自殺を雄弁に語るものはない。

アコガレというものは、一生夢の中にすみ、現実からとざされているから、そのイノチもあるし、人生の支えとなる役割も果す。アコガレが現実のものになるのは危険千万で、誰かがアコガレの対象とあった場合に、他人のアコガレを現実的に支える力はまず万人にありますまい。もっとも、教祖というものがある。これはその道のプロだ。そしてキチガイの関係に属するものだが、一般の夫婦円満の根柢にも教祖と信者的な持ちつ持たれつの信仰の一変形はあるかも知れない。

大詩人だの大音楽家だのと云ったって、その他人にすぐれているのは詩と音楽についてのことで、ナマの現身《うつしみ》はそうは参らん。現身はみんな同じこと。否、現身に属する美点欠点にも差はあるだろうが、それは詩や音楽の才能と相応ずるものではありません。

菊乃さんは越後長岡の半玉《はんぎょく》時代に先生の酒席に侍《はべ》って一筆書いてもらった。それを十七年間肌身はなさず持っていたが、近年宴席で先生に再会し、結ばれるに至ったという。まことに結構な話で、そのまま先生の晩年が死に至るまでそうであるのも結構であるが、その平穏円満な生活のうちにも菊乃さんが、なんとなく自殺してしまったとしても、別にお二人のどちらが悪人小人だということにもならない。人生はそういうものだ。二人の人間が互に善意のみを支えとして助け合うつもりでも、破綻はさけがたい。人間は悲しいものです。

半玉時代にいただいた一筆を十七年間も肌身はなさず持っている。十七年目の再会に、それが二人を結ぶ縁となった、ということは不自然ではない。何の縁がないよりも、何かの縁があった方が結ばれ易いのは自然であるが、それは二人を結ぶために縁となる力はあっても、結ばれて後にはもはや何物でもない。あとは二人の現身があって、よりゆたかなたのしい生活のために協力しあう現実があるだけのことだ。

半玉時代の宴席でもらった一筆を肌身はなさず持っている、ということは、それを縁とするには結構だが、その後の二人の結婚生活を根柢的に支えているのがそれだという考えが当事者にあれば、はなはだ危険なことでもあろう。

こういう縁はノロケや冗談としては結構である。そんなノロケをきいても、別に誰も怒りやしない。先生も甘いなア、とか、しかし円満で結構だ、とか、その程度であれば、それは人間一般のことだ。

しかし、それが絶対の宿命というように考えられ、まるで日本の神話のように、伝説ではなくて事実よりももっと厳粛な天理であるというように考えられると、その天理をいただく軍人指導者とただの庶民との距《へだた》りと同じものが必ず生れてくるものです。神がかりの軍人指導者は一億一心ときめこんでいますから、弱い庶民は表面はそれに逆らえず、彼我の距りを隠してついて行く以外に仕方がないようなものだ。菊乃さんの場合は、自分の方から十七年間云々の伝説をきりだした以上、戦争時代の庶民以上に間の悪いハメで、かかる菊乃にめぐりあうのも先妻節子のみちびきであろう、などと先生の説が飛躍しても、一言もない。

だいたい一人の半玉が、宴席に侍って書いてもらった漢詩かなんかを肌身はなさず持っていた、というのは、美談とは申されないな。肌身はなさず、ということがすでに異様で、詩や詩人を愛することはお守りとは違うのだから、肌身はなさず持つということが決して正しい尊敬の仕方だとは思われないが、事実肌身はなさず持っていても異様だし、事実はそうでなくとも、肌身はなさずと云わねばならぬ雰囲気がすでに異様なのであろう。

菊乃さんがどれだけの漢学の素養があるのか知らないが、よほどの素養があったとしても、要するに先生のファンだということであろう。私のような三文文士でも宴席で先生のファンですというような芸者に会うことは稀《ま》れではない。肌身はなさずなどとゾッとするようなことを言われたことはないが、枕頭《ちんとう》の書、誰より愛読しています、というようなことを言われることも無くはなかった。私はヒネクレているから、そういうことから、どうなったこともないが、太宰治の心中の場合はそういうことから始まったようだし、その他、師弟が恋仲になって心中したり、古い女房と別れて同棲したり、それが更に破れたり、大変なケンカになったり、また終生円満平穏の家庭がつづいた場合もむろんある。いろいろ場合があった。菊乃さんの場合はその一ツの変形であろう。

私は事実を知らないから想像にもとづいて云うのであるが、先生から書いてもらったものを十七年間肌身はなさず持っていたというところを見ると、これが小説の場合だと先生のファンだとハッキリ云うところだが、漢詩だと読めないのだからファンだとも云えない、そこで十七年間肌身はなさずというような表現になったのではないかと思うが、十七年間肌身はなさず持っているということよりも、その作品をよんで、十七年間、他のどの作家よりも愛読している、という方が、はるかに作者に身ぢかいものだろうと思う。

読者にもいろいろある。しかし、他の誰にも増して一作者に近親を感じ、その全作品を暗記するまでに愛読している。それにちかいような読者がかなり居るものである。しかし我々がそういう読者に会っても別に宿命とも感じない。そういう読者に比べれば、酒席で書いてもらった一筆を十七年間肌身はなさず持っていたということは決して宿命的なものでもないし、本当に心が近寄っているアカシでもなかろう。むしろ異様で、妖しいよ。本当の愛読者も、もしも愛読する作家の筆跡を手に入れれば、肌身はなさずは持たないだろうが、大切に保存することは言うまでもなかろう。そういう例は少くはないが、現代作家の多くは作家対愛読者のありふれた現象とみて、それを宿命的なものだという風には解さないのである。

時には愛読のあまり作家を師とも神とも恋人とも思いこむような婦人愛読者が、作家の作風によってはあると思うが、その結果、恋となり、結婚となっても、うまく行くとは限らない。大そう憎みあってケンカ別れとなった例もあったようだ。そしてそれもフシギではない。

菊乃さんがそれほどの愛読者だとは思われないが、愛読者であってもなくても、要するに十七年間肌身はなさず、というようなことは酒間のノロケには適当かも知れんが、それ以上に考うべきことではなかろう。それを機縁として結びついたにしてもそれは機縁となったことで役割を果し了《おわ》り、後日まで残すべきことではないのである。恋愛や結婚生活にとってノロケのほかには伝説や神話は介在すべきものではない。伝説や神話はノロケでしかないということはそれほど実人生は厳しく、厳粛なものだということだ。配給された花聟花嫁《はなむこ》を絶対とみる以外に自由意志のなかった昔の人々とちがって、恋の一ツもしてみようというコンタンを蔵している人間というものは人形とはちがう。心の裏もあれば、そのまた裏もあるし、その裏もある。悪意によって裏の裏まで見ぬくのは夫婦生活としては好ましくないが、相手のために献身的であろうとして裏の裏まで見てやる、相手を知りつくす、ということは何よりのことだ。塩谷先生は悪意はなかった。むしろ善意と、献身的な気持で溢れていたようだ。けれども、自分の美化した想念に彼女を当てはめて陶酔し、彼女のきわめて卑近な現実から自分の知らない女を発見したり、彼女の心の裏の裏まで見てやりはしなかったようだ。先生は彼女を詩中の美女善女のように賞揚して味っていたが、詩中の美女善女のような女は現実的には存在しないものである。

現実的な人間は、もっともっと小さくて汚く、卑しいところもあるものである。それは肉慾の問題、チャタレイ的なことのみを指すものではありません。肉慾などよりも、精神的に甚しい負担が彼女にかかっていて、彼女はジリジリ息づまるように追いつめられていたのではありますまいか。それは詩の中の最上級の美女善女に仕立てられた負担であった。もっと卑しくて、汚らしくて、小さくて、みじめなところ、欠点も弱点も知りつくした上で愛されなくては、息苦しくて、やりきれまい。

塩谷先生は菊乃の欠点もよく知っていた、全てを知った上で、彼女を美しきもの良きものの正しきものと観じて愛したのだ。と仰有《おっしゃ》るかも知れないが、私はそうではないと思う。先生の愛し方は独裁者の愛し方ですよ。たとえば軍人が、軍人精神によって、一人の兵隊をよき兵隊として愛す。ところがこの兵隊はよき軍人的であるために己れを偽って隊長の好みに合せている。その好みに合せることは良き軍人ということにはかのうが、決してよき人間ということにはかなわない。彼自身が欲することは良き人間でありたいということで、良き軍人ということではなかったのだが、この社会では軍人絶対であるから、どうにもならない。独裁者の意のままの人形になってみせなければ生きられないのである。

それと同じようなものが、先生の場合である。週刊朝日の「宿命」という先生の手記には、人形でない人間には堪らないと思われることが書いてあります。

先生は菊乃さんが芸者であったということに大そうイタワリをよせていますが。

「私が現職（註、大学教授のこと）であり晩香（註、菊乃さんのこと）が花柳界に籍を置くならば、名教の罪人でもあろうが、私は既に教壇を退き晩香も一旦人の正妻となり離婚後であった」

とある。すぐその後につづけて「いつまでも元芸者が附きまとうのは気の毒でまったく旧来の陋習《ろうしゅう》である」と先生はいたわって仰有るが、前文はそのイタワリが形骸にすぎないことを悲しいほどハッキリ表しているではありませんか。同一人物の結びつきが、数年前の自分には罪悪であるが今はそうでないという。身分ちがいであるが有難く思え、ということと端的に同一で、先生が某大名の子孫の謡曲の相手に招かれ、菊乃さんがそれに同行したことを記して、

「越後長岡出身の賤《しず》の女《め》が、旧藩主の御同族なる旧田辺藩主より私と同行する様に求められるに至っては、晩香の名誉この上もなく、死して瞑《めい》すべきである」

とある。ここまで読み至って、私はまったく暗然、救われないほど、やりきれなくなってしまった。菊乃さんがこの生活に満足し、なんの不足もある筈がないと先生が仰有ったって、そんなことをマトモにきけるものではありません。この一文をよめば彼女が自殺したことには何のフシギもない。それが先生にお分りでないようだから、救いがないのである。

現職の教授が芸妓を女房にするのは名教の罪人だと仰有るけれども、こういう考えの人が芸者を女房にすることが罪人なのだ。

二人の結びつきは「恋愛の遊戯ではなくて、切実なる老後の生活問題である」と仰有る。

切実な老後の生活問題とは、

「結髪の妻節子を喪《うしな》ってから、長男夫婦の世話になって居たが、偶々病に臥してからつくづく、世話人なしでは老境を過せないと感じた。いかに舅《しゅうと》思いの嫁でも、主人に仕え、幼児が二人もあっては、下婢《かひ》を使うことのできない今日では、私の世話まですることは到底やりきれない。困って居る処へ、二三の人より熱心にすすめられ、終に晩香と結婚するに至った」(週刊朝日の手記より)

切実な老後の生活問題という意味は、たしかに、そうであったろう。行く先不安な老人にとって一人ということは堪えがたい怖れであるに相違ない。切実な生活問題というその切実さは、老境に至らぬ私にも容易に想像し同感しうるのである。

先生は籍を入れようとしたが、菊乃さんが辞退したそうである。先生の気持は明かに正妻であって、菊乃さんをそのように遇した。そして、菊乃さんが末期の水をとってくれるというので先生は安心し、生活は安定をうるに至ったという。

それらは全て結構である。私とても、身寄りにそのような老人がおれば、再婚をすすめるかも知れない。

先生の老境にある者の切実な生活問題という言葉からは、正妻とか、伴侶というものよりも、侍女、忠実な侍女、という意味が感じられるが、それであっても別に不都合ではなかろう。忠実な侍女が切実に欲しいという老境の切実さは同感せられるのである。むしろ、今さら正妻というよりも、侍女。実質的にそういう気持が起り易かろうと想像される。

永井荷風先生も似たような立場であるが、もしも荷風先生が伴侶を定める場合にも、たぶん正妻とか女房なぞと大ダンビラをふりかざすような言い方よりも、侍女を求めるというような心境であろうと思う。

しかし、塩谷先生は、その心境の実質は侍女をもとめる、というようなものであったが、菊乃さんを得て後は、侍女どころか、正妻も正妻、まさに意中の恋人を得たかのようだ。これ、また、結構であろう。先生の知己ならずとも、これを祝福するが自然であろう。先生が菊乃さんに甘いのも、大いに結構。門下を前に大いにのろけ、それを門下ならざる私が見ても不都合どころか、むしろ大いに祝福の念をいだいたであろう。

先生は晩酌をやるにも、まず菊乃さんに盃を献じ、彼女に酒をすすめることを楽しむようであったという。まことに美しい心境である。そういう先生の心境は、菊乃さんに対するこまやかな愛情にあふれ、いかにも老いたる童子の感あり、虚心タンカイ、ミジンも汚れがない。見る者の心をあたためる風景であろう。

先生の菊乃さんへの溺愛ぶりは、いかにも手ばなしの感で、大らかでもあるし、マジメでもある。思うに先生は生涯順境にあって、邪心を知ること少く、いかにも無邪気な人であるようだ。ハタから見れば、親しみ深く、愛すべき人であろうと思う。

しかし、他人同志の関係ではなく、先生と切実な関係に立った者には、どうであったか。先生の老後の生活問題が切実であった如くに、菊乃さんの生活問題も切実であったにきまっています。

老後といえば、芸者というものは、若い時から甚だ切実に老後を考えているものです。それは花聟や花嫁を配給される家風になれた人々が、若い時に老後を考える必要がなく、目先の甘い新婚生活の夢でいっぱいで、事実に於て概ねそれで一生が間に合うのに比べて、大そうちがう。彼女らには老後について一ツも約束されたものがない。

塩谷先生は死水をとってもらえば、それで足り、それ故に菊乃さんを得ることによってすでに安定を得た老後であった。しかし、先生なきあとにも、菊乃さんの老後は残っているのである。

戦争前の財産が殆どゼロとなった今日、先生なきあと、菊乃さんの老後のタヨリとなる多くの物があろうとは思われない。

先生は敗戦後の今日往時のように華やかな時代はすぎ去っても、尚《なお》多くの門下生にとりまかれ、そういう雰囲気というものは、どこの学者や芸術家にもあることで、諸先生の客間や書斎はどこでも王城のようなもの。その書斎の主が王様で、そこの雰囲気しか知らなければ、学問や芸術の王様は天下にこの先生たった一人のように見える。ナニそんな王様は天下に三千人も五万人もいるのだ。

先生とそれをとりまく門下生は、わが王城の雰囲気に盲《めし》いてわが天下国家を手だまにとって談論風発して、それで安心し、安定していられるけれども、天下の大を知るハタの者から見れば、まるで違う。菊乃さんは芸者だから、永年客席に侍ってきた。芸者の侍る宴席というものは、これがまた各々一国一城の雰囲気をもっているもので、村会議員やヤミ屋の相談会でも、やっぱり王様や王国の雰囲気、王様と王様の御取引なのである。

そういう数々の王様や数々の王国の雰囲気を、表からも裏からも見てきた菊乃さんは、その雰囲気になんの実力もなく、頼りないことを身にしみて知っていたであろう。

この王国は王様が死ねばもはやどこにも存在しなくなるものである。文士や編輯《へんしゅう》者の間には文士の女房について「亭主に先立つ果報者」という金言がある由である。つまり、亭主たる文士が生きていて盛業中に死んだ女房は、恐らく亭主たる文士の死よりも盛大な参会者弔問客にみたされ、キモの小さい人間どもをちぢみあがらせるぐらい大葬儀の栄をうけるであろう、という意の由である。果して然りや、真偽の程はうけあわないが、それほどではないにしてもとにかく王様が生きてるうちはそんなものだ。しかしこの金言の真意はむしろそのアベコベを云うのであろう。王様が死んだあとの女房は全然誰も寄りつかず、寄りつくとすれば何か目的のためであり、むろん葬式なんぞに誰も来てくれやしない。そういう意味を云っているのであろう。

塩谷先生がこういう金言を身にしみて考えられるようだと菊乃さんも死ぬ必要はなかったであろう。

ところが、先生はあまりにも無邪気すぎますよ。門下生たちの集りの、自分が生みの親であるが、菊乃さんが育ての親で、一同にしたわれていたなぞと、タワイもないことを仰有っておられるが、そのような王国の雰囲気のたよりなさを身にしみ知る者にとって、このような先生の無邪気さは、たよりなくもあるし、時に甚だ憎らしいものであったと思われます。

しかも先生は、越後長岡の賤の女がその旧藩主の同族たる殿様に招かれるに至るとは名誉この上もなく、死して瞑すべきである、というタテマエであるから、賤の女の心事が分らぬにしても、論外である。

先生自身は菊乃さんを得て老後の切実な生活問題も解決して、解決以上に大満足を得て、安定し、たのしかったであろう。門下生にとりまかれて一国一城の主を自覚し愛人に美酒を献じ、愛人の三味の音をたのしみ愛人の手拍子に興を深めつつ詩を吟ずる。また殿サマに招かれて恋人を同伴、謡曲のお相手となる。それで満足、先生自身はどこにも不足はなかったであろう。

先生の満足が深く無邪気であるほど、菊乃さんには堪らなかった筈である。菊乃さんにだって、切実な老後というものがある。その切実さは恐らく先生以上であったにきまっている。なぜなら先生は菊乃さんが居なくとも門下生にかこまれてともかく王様でありうるが、そういう約束は菊乃さんの老後には皆目保証されていない。

しかも、先生の論理によれば、芸者という賤の女が自分のような学者の妻となり、古《いにしえ》の殿サマの一族の前へでられるのだから幸せも極まれり、というのであるから、彼女の老後の如きは全然問題ではないらしい。

「実に菊乃は唐人伝奇中の人物である」

と仰有る。

つまり芸者ともあろう下賤の者が自分のような大学者の妻となり、古の殿様の謡曲の席に同席するに至ったのが、唐人伝奇中の人物に当るという意味であるらしい。ウヌボレの無邪気なのも結構であるが、当の菊乃さんにとって、このウヌボレの無邪気きわまるものが、どう響いたであろうか。暗澹たる心中、察するに余りあるではないか。

先生の菊乃さんへの愛情は一途なものであったろうが、芸者たりし故に賤の女と見、自分の妻となったのは名誉この上もなく、死すとも瞑すべきであるとなすような考えも、これまた牢固たる先生の本音であり、しかも、それすらも愛情のアカシであり、ノロケのタネであった。

自分の愛がいかに高く深いか。それを証するものが、この賤の女をわが女房としてやったことである。この一事こそ至高の愛の証拠であり、お前は唐人伝奇中の人物、死しても瞑すべきではないかという。

愛されることが、口惜しく、癪にさわり、腹が立ち、我慢ができなくなるのが当然ではありませんか。憎悪にかられるのが当然でしょう。しかも当の本人は、自分が恋人をこの上もなく傷つけているのが分らないぐらい無邪気なのだ。実に人々はそれを彼の無邪気さと云い、彼の底なしのウヌボレ。額面通り大先生が賤の女を愛すとはエライことだ、汝幸《なんじ》せな女よ、と言うであろう。そして、彼の一人ぎめの大そうな名誉が自分に配給されてるそうだが、切実な老後に対する保証は一ツもない。

それというのも、自分が彼の一筆を十七年間も肌身はなさず持っていたなどと云いだしたのが事の起りであると思えば、要するに彼によって救われ、安定を与えられ、死しても瞑すべき名誉を与えられ、いわば、先生の無邪気というもののイケニエにあげられた観あるのも、身からでたサビである。誰を恨む由もない。

切実な生活問題が解決し、生活の安定を得たのは先生だけで、菊乃さんは救われもしないし、安定してもいないのだ。

集まる門下生は先生同様無邪気で、単に快く王様をかこむ雰囲気にとけこむだけであったろう。先生の一人ぎめの晩香になりきって見せ、先生が思いこんでいるように、先生によって救われ安定を得た賤の女として、しかも古の殿様との同席にも堪えうるような利巧者になりきって見せ、満足の様子もして見せなければならぬ。こういう生活の負担がどんなにやりきれないものか、先生には全然お分りにならないのだから、助からない。

むろん菊乃さんには先生の愛情の一途なのはよく分っていたし、その限りに於て、実に甚しく感謝もし、先生に対する並ならぬ敬愛もいだいていたろうと思いますよ。その敬愛が死に至るまで一貫していたことは、第一に、その自殺自体が証明しています。音もなく、声もなく、まるで影が死ぬように、菊乃さんはさりげなく死んだではありませんか。

そのさりげなさは一に先生に対する敬愛の深さ高さの然らしむるところであったでしょう。しかし、死なねばならぬようにさせたのも、やはり先生でしたね。菊乃さんに対する先生の愛情の一途さや無邪気さは万人に認められるものであるが、その無邪気さに傷《きずつ》けられてイケニエとなっている菊乃さんの切なさは誰にも分ってもらえない。王様をめぐる雰囲気の無邪気さは、その蔭にかくされた誰にも知られぬイケニエが自分ひとりだということを圧倒的に菊乃さんに感じさせたと思いますよ。人々自体が菊乃さんをも雰囲気の中のたのしい一員と認めているのですから、彼女にとっては、それを裏切るのは容易ではありません。離婚することもできないし、自分の本当の胸の中を誰に言うこともできない。彼女以外の人々はすべて王様とそれをかこむ神がかりの徒で、そこでは王様の言葉や論理が絶対だ。その神がかり的な雰囲気を破る力は、いかにその悩みが切実で、彼女の生活問題が切実であっても、その切実という力によって神がかりを破ることは不可能でしたろう。まるで質が違って、チグハグで、先方は全然我ひとり神がかり的に無邪気だから通じようもなかった。すくなくとも、菊乃さんの目には周囲の全てが取りつく島もなく絶望的に見えたろうと思われます。

菊乃さんが離婚もできず、切実な胸の思いも云えないとすれば、とるべき手段は死あるのみ。仕方がない結果でしたろう。

しかも、彼女は実に謙虚でした。すべてはわが身の拙さ、至らなさと観じたかの如くに、実に音もなく、影の如くに、帰するが如くに死んだ。しかも海中に身を投じながら、水をのんでいないというのは、彼女の思いつめた切実な思いのきびしさが、水中に身を投じて死する前にすでに彼女を殺していたのでも分るではありませんか。可憐な、いじらしい死ですよ。しかし、明るいね。菊乃さんは誰も恨んではいないだろう。そして、先生、さよなら、と一言、言いたかったろう。

先生は自分の後からついてくる筈の菊乃さんがそッとおくれて海中へはいって死んだのを知らずに歩いていた。お寺の前を通ると読経の声がきこえたので、先生もふと黙禱した。するとお寺の内儀がでてきて茶にさそったそうですね。

先生はそれを菊乃さんの死の時刻と判じ、霊の知らせと云っていますが、私もあるいは然らんと思います。そう思ってよいほど、死する菊乃さんの心事は澄んでいて、ただ親しい思い、なつかしい思いをよみがえらせ、心からの別離の言葉を先生におくりたかったろうな、と想像するのです。死に至る原因は、一に先生の無邪気な愛情やウヌボレに対する反感や憎悪であったにしても、すべての悲しさを死にかえて、われ一人去れば足ると見た人が死ぬときに、誰を恨む筈もない。むしろ一途の愛情となつかしさと感謝にあふれる一瞬があった筈だ。まさに死せんとする一瞬に。

先生は自分の善意だけで、また己がいたわりと愛情を知るだけでしたが、まったく悪意がなくとも、人を殺すことはあるものですよ。そして善意からも破綻は生れる。人間と人間のツナガリは、実に複雑で、ややこしいものだ。誰かが楽しい時にはきっと誰かが悲しんでると見てもよろしいぐらいですよ。たとえ夫婦の間でも。人間二人一しょに本当に幸福だなんてことは、なかなかないものですよ。特に老後を考えるような、人生の晩年にさしかかった以後の人々に於ては。

しかし、菊乃さんのような悲劇は方々にありそうだなア。当人は至極無邪気に、下賤の者、無学の者に、死しても瞑すべき名誉ある愛情や地位を与えてやったと思いこんでいる善人が少くないようですね。どんな人間にも、自分と同じく切実な人生があることをてんで知らずに、ただもう賤の女を助けてやったと陶酔している。助けられ、安定したのは自分だけじゃないか。第一、下賤な人間という考え方が、菊乃さんの悲劇の真相をあますことなく語っているが、当人ならびに同類だけには分らない。漢学という学問が、だいたいに、真理を究める学問ではなくて、王サマの御用を論理の本筋としているもののようだから、そういう論理を体した人には人間は分らない。人間の本当の心と喰いちごうのは仕方がない宿命、まさに宿命のようです。

菊乃さんは音もなく影のように静かに自ら永遠に去ったけれども、ガラッ八《ぱち》の私は喚きちらすように、叫びたいよ。菊乃は満足していた、死ぬ理由は一ツもないとは何事ですか。賤の女に死すとも瞑すべき名誉を与えたという一言が菊乃さんの悲劇の真相をすべて語っているのが分らんのですか。分らんのか。「賤の女」を女房にした「不遜」な罪が分らんのですか。分らなくて、すむことですか。

人間の倫理は「己が罪」というところから始まったし、そうでなければならんもんだが、東洋の学問は王サマの弁護のために論理が始まったようなもんだから、分らんのは仕方がないが。

ああ、暗い哉《かな》。東洋よ。暗夜、いずこへ行くか。

オレは同行したくないよ。

(この一文はもっぱら週刊朝日八月十二日号の塩谷氏の手記「宿命」をもとに書きました。その手記に

はるかに多くの本心が語られていると見たからです）

宮様は一級紳士

※一九五一年、旧宮家の華頂博信が妻・華子と離婚。その原因は華子と戸田豊太郎の不貞行為であった。

華頂博信氏手記

私どもの離婚は決して夫婦喧嘩ではありません。私は二十五年間命をかけて妻を愛していました。それだけに離婚の決意は、七月十八日夜自宅のクローク・ルームで戸田氏と華子との姿を発見して以来の妻の思想と言動に就《つ》いて冷静な判断を下した上でなされたものです。妻はこの事件に対して少しも悔悟して居りません。否、寧《むし》ろ今後も婦人衛生会の仕事に名を借りて戸田氏との接触を計ろうとしているのです。私の妻は一体誰なのか——。終戦後貴方は貴方、わたしはわたし、夫婦とは単なる男女の同居という家庭が相当あるらしい。それもそんな家庭生活を喜ぶ夫婦ならばそれで済むだろう。併《しか》し私には向かない。何か自由ということのはき違えではないだろうか。自由ということを掘下げてゆくと、真の自由は自律的には随分不自由なものではなかろうか。

わずかの間に妻の性格が想像も及ばぬ程変っていたと気がついたのはあの事件以来だが、それにつけても戸田氏は一年有半に亘《わた》り華子と会う度にコーヒーの中に一滴、二滴何か女の精神を弛緩させるような薬品でも混ぜておったのではなかろうかと推理小説的空想を抱く程妻の気持は激変していた。

しかしその妻が今度のようなことになったとて社会的に傷つけられてよいと云う理由が何処にあろうか。戸田氏さえも傷つけたくなかった。私の元の妻竹村華子が再び世に出る時世間はどうか彼女を笑顔で迎えてやって欲しい。私は元の夫として、いつまでもそう祈り続けよう。

離婚は幸か不幸か。私の場合離婚は不幸そのものである事を十分承知している。私はこれですべてを失いました。日毎に健康が衰えていくのを感じるばかりです。

戸田豊太郎氏は「閑院春仁氏の手記」（戸田氏の名前がはじめて明るみに出た）が発表された時と「華頂博信氏の手記」（七月十八日夜の事件の真相がバクロされた）が発表された二つの時期にそれぞれ次のように語っている。

〔第一〕華子夫人は一口にいうと非常に洗練された社交的な女性だ。高貴な感情の持主で、その点昨年暮正式に別れた先妻の徳川喜和子などとは全然タイプが違う。私はそういう彼女に愛情を感じて接近したのである。しかし、二人の愛情は最初から結婚を前提としたものではなかった。その点華子夫人も同じ気持だったろう。だから私は華頂家の離婚についてはなにひとつ責任を感じないし、今後結婚する意思もない。

〔第二〕私はもし彼女の環境が許したら、彼女と結婚してもよいと思う。しかし、それには友人知己の意見も十分聞いてから決めたいと思う。ではなぜ、いままで結婚のことを否定していたかといえば、彼女の離婚直後にそういう意見を示すと、世間にいたずらに誤解を招く結果になることを心配したからである。華頂氏についてはこのさい何も語りたくない。

華子夫人の場合

華子夫人にも二つの変化があった。

〔第一〕戸田さんはいろいろ御好意を示してくれましたけれども、二人が深い関係にあるようにみるのは世間のデマでございます。

これ以上いま戸田さんのことにはふれたくございません。理由？　いいえなんとしても申上げたくございません。

別れた主人についても、私としての言い分はございますが、このさい批判するのは遠慮したいのでございます。しかしもし許されるならば華頂家に戻って子供の面倒をみてもよいとも考えています。

〔第二〕私は世間がどう非難しようとも戸田さんと結婚する決心でございます。

兄閑院春仁と主人がこんどの事件で示した態度はあまりに私の立場を無視しているのではないでしょうか。私はもっとなぜ私がこうなったかを理解してほしかったのでございます。

戸田さんと二人で、愛情で結ばれた新しい生活を勇気をもって進みたい。


元宮家の人々も人間に変りはないし、人間のもたらす事件の解決法に変りのある筈もない。この種の出来事は諸方に多くありうる事件であるが、どこの家の出来事にしてもいたましい出来事であることにも変りはない。

華頂博信氏は事に対処して立派であったと云える。こういう出来事に当って、華頂氏の立場におかれた人間が半狂乱の逆上的忿怒《ふんぬ》や絶望を味うことがないとすれば、その非人間性はイカサマ師の天性に類するもので、賞讃さるべき理由は見出されない。ゲーテとナポレオン、家康と秀吉はそれぞれ甚しく性格は違うけれども、こういう出来事に対してはむしろ人の何倍も逆上惑乱の波にもみまくられる性質の人々であろう。彼らがその逆上を押え得て後に施す方法には大きな変りがあるであろうが、逆上のすさまじさは同じようなものであろう。いかに智徳が高くともこの逆上惑乱は防ぐことができないし、またそのために愛すべきところもあるのであろう。

華頂氏はその逆上惑乱絶望を抑え得て後に施した方法は立派であったと申さねばならぬ。即ち、性格が合わないという理由によって、合意の上で離婚届をだした。それに先立って、華子夫人が謝意を表して悔い改めはしないかと試してみたが、そうでないことが分ったので、相談の上、離婚届をだしたという。しかも子供は華頂氏がひきとり、華子夫人は一人身になって財産の一部も貰うという。実によくぞ我慢したのみならず、よくぞ我を裏切れる人にイタワリをよせたものよ。まことに敬服にたえません。私などは、とてもこうはできない。秀吉などは何をやるか分らんし、かなり温和で常識的な家康でも自分になびかぬというだけでジュリアおたあを島流しにしたほどだから、とてもこうはできない。

もっとも時代の相違があるから、家康が今日の日本の元貴族であった場合は、華頂氏に近い解決法をとるかも知れませんね。

しかも華頂氏は裏切って去る妻にこれだけ厚いイタワリをよせながら、宮内庁の長官に対して「たとえ天皇さまが皇族全体の名誉のために離婚を思いとどまれと仰有《おっしゃ》っても私はお断りします」と云ってるのだ。その心事、その決意の程は悲痛である。

かくも妻をいたわりつつ、かくも堅く離婚を決意するまでに、華頂氏は思索の時間を経た。そして「自由ということを掘り下げてゆくと、真の自由は自律的にはずいぶん不自由なものではなかろうか」という結論に至って、それが離婚の堅い決意、ならびに去る妻への限りなき愛惜とイタワリとなって表れたもののようだ。

まさしく氏の思索の結論の通りであろう。真の自由というものは、自律的にはずいぶん不自由なものであろう。まったく同感である。恐らく一個の人間が味う絶望混乱の最大と思われるものを経た直後に、かような思索に至り得た氏の教養は賞讃に価するものと云えよう。世渡りはヘタでも、これだけの教養があれば、さすがに宮様、見事であると申さねばならぬ。私は巣鴨の戦犯収容所へ入れられたことのあるオヒゲの長いふとった御老体の宮様を思いだしましたよ。あの人柄は誰だって憎めません。もっとも宮様らしい宮様であるから私の知る限りでも二ツの雑誌社があの宮様から宮様の今昔生活物語の如きものを書いてもらう狙いをつけてでかけたが、あのお人柄では定めし生活も満足ではあるまいと思われるのに、原稿は貰えなかった。それもメンドウな理由からではなく、単に、書く気持がないというだけの実に淡泊でコダワリのないものであったという。

この宮様などは人間が慾得を忘れて自然人にちかい状態になったように感じられる。ジオゲネスの如きものだが、それよりも、もっとナイーヴで自然であるが、もとより教養の素地がなくてこうなれるものではない。その教養の根幹は何かというと、はからずも華頂氏が思索の果に見出した「真の自由は自律的には不自由である」ということが、実は宮様の場合には思索の果にあるのではなくて、宮様という生活自体が自由の不自由さを根としているのではないでしょうか。

宮様にもいろいろであるが、宮様という生活を正しくマトモに経てきた宮様、つまり一番宮様らしい宮様という方々は自由の不自由さを正しく味うのがその課せられた生涯であって、結局老年に至るとジオゲネスよりもハッタリなく淡泊ライラクな原人的人物が完成するように思う。しかし、人さまざまと同じく宮様もさまざまに極《きま》っているから、その課せられた宮様の生き方を正しくマットウに生きる人が全部だとは云えない。むしろそれは少数で、多くの宮様は例外の自由を欲するに相違なく、なぜなら、それが人間の自然の慾望というものだからである。

今回の場合に処した華頂氏は、あのヒゲの老宮様の愛すべくなつかしい人柄に近いものを感じさせる。しかしヒゲの老宮様とちがってまだ若い華頂氏がもっと生々しい人間苦の中に住まねばならぬのは当然で、しかも激しい苦悩と混乱のあとに「真の自由は自律的には不自由なものだ」と思索的に結論を得た良識は、実にいじらしく愛すべく、また賞讃すべきではありませんか。

そしてかような結論の後に、去る妻をあくまでイタワリつつ断乎《だんこ》たる離婚に至った彼の処置に対し、その心事に対し、私は敬服の念と共に、同感の涙を禁じ得ませぬ。そのほかにも、他の良い処置はあるかも知れませぬ。しかし、ここまでなされば、タクサンだ。これ以上に為し得る人間が果して幾人おりますか。わが身を思えば、これ以上の処置などきいた風なことはとても云えない。

華頂氏が新聞記者をスキャンダルの現場へ案内してルル説明したという常軌を逸したかのような挙止のみをとりあげてトヤカク云うのは甚しく当りません。常軌を逸したところでやむを得んじゃないか。そんな執るにも足らぬ一場の挙動の如きよりも、彼が思索を重ねて後に施したこの処置と、その裏にアリアリと汲みとることのできる悲痛にしてケナゲな心事を思い至れば、すでに足りる。これに同感の涙を知らぬヤカラは、いまだ人間の苦悩について真に思い至らぬ青二才だよ。イヤ、失礼。苦悩など知らぬ方がいいかも知れません。苦悩を知らぬ青二才でたのしく一生を送れる方がたしかに幸せですよ。スミマセン。

華頂氏が離婚届をだしたところまでは、実に尋常で、立派であった。それに対して、華子夫人の兄、閑院春仁氏がすすんで手記を発表した。そこからフンキュウがはじまるのである。

閑院氏は手記によって「長年暮した平和な夫婦が単に性格の相違によって離婚することがありうるだろうか。その裏には怪人物がいる」ことを明にして、離婚の原因が妹のスキャンダルによることを恐れる風もなく発表したのである。

それはたしかにただ外見から見た感じでは「恐れる風もなく」と解せざるを得ないような奇怪なものであった。しかし元宮様だって決して違う人間である筈はない。こういうことを恐れげもなくやれる人間というものは、天性的な策士は別として、常人の為しあたうところではない。しからば閑院氏は天性的な策士かというと、そうではない。これを発表して彼を利するものは何一ツ見出されないし、彼の言行を見れば彼自身の利益のためにこの手記を発表したものとは見ることができないのである。彼は彼なりにこうせざるを得なかった理由があったに相違ない。

閑院氏の手記やその後の一問一答を見れば分るけれども、彼の真意はなんとかして妹を元のサヤへ戻したいのである。けれども、華頂氏の決意は断乎たるものであるし、妹の態度はアイマイで、いまだに目がさめない。（これは閑院氏の側から妹を見ての話）。しかもこのままに放置すれば、性格の相違という当らず障らずの理由で離婚は世間的にも承認せられて永遠のもの、とり返しのつかぬものとなりそうだ。さればとて二人の当事者たちは一人は決意断乎たり、一人は態度アイマイで、当事者やその近親の話合いではとても解決の方法がないと思い至り、思い悩んだあげく、非常の手段として世間に公表し、世間の力、ヨロンの力にすがっても、一応妹が元のサヤへおさまるように試みずにいられなかった、そういう苦悩の跡を汲みとることができる。

閑院氏も、さすが宮様だけの静かさと良識を示し、記者に向って結語して曰《いわ》く、

「華頂氏の心のやわらぎを待って元の巣に帰したい。第二案は今後独身で暮すこと。第三は適当な人との結婚。第四案は、どうしてもというう気持なら戸田氏との結婚」

こう語っている。

しかし、第一案と第二案以下とは質の本来違うもの。第一案がダメなら、というのが前提せられての余儀ない案にすぎず、第一案に対してのみ彼の熱望の大半が捧げられていることは申すまでもあるまい。

元の巣に帰したいという熱望こそは彼の至上の願いなのだが、いかんせん、その施すべ

き処置に窮し、他に策が思い至らず、ついに新聞に手記を公表したものと察せられる。

元の宮様であるゆえ新聞がとびつくことを承知で利用したと解するのは、いささかならず酷である。他に適当な方法を知らない彼が、思いきって新聞を利用した勇気と、その勇気の裏にこもっている妹の身を思えばこその一念を見てやるべきである。

宮様は露出狂、隠すことを知らぬ。風呂にはいっても隠すべきところを隠さぬ、などと誰かが書いていたが、そんなバカなことがあるものか。人間の本性に変りがあるものですか。風呂の中で隠すものを隠さぬぐらい、なんでもない話じゃないか。そんなことと、一家一門のスキャンダルをあばくこととが同じような軽い気持で行われる道理があるものですか。恐らく彼らは一門の上に天皇をいただき、他の誰よりも一門の名誉を損ずることを怖れつつしむよう躾けられ育てられているに極っている。我々にとってこそ天皇もタダの人間だが、彼らにとって天皇はやっぱり神にちかい敬意なくして有り得ない存在に相違なく、そのように一族一門を神の座により近いものと感じがちの彼らが、人一倍一門一族の名誉を考え自分の名誉を考えるように育てられ習慣づけられていることは明らかなことだ。

記者との一問一答を読めば、彼が甚だ良識ある人物であることは諾《うなず》けるのだが、世上の他の良識ある人間は、このような時、新聞にスキャンダルを公表し一門の名誉を損じても、妹の身のためを計るようなことはしないであろう。他に適当な、そして穏当な方法を探すであろう。

しかしながら、同じだけの良識ある人々の他の全ての者がそれを敢《あえ》て行う筈がないのに、彼だけが敢て行ったという、その異常さの裏には、彼の性格的なものよりも、他に適当な手段を知らぬ切なさ、その立場の哀れさを見てやるべきである。

私がかくも彼を弁護するには理由がある。彼は離婚された当事者ではないのである。離婚された当人がなんとかして元の巣へ帰りたくてやった非常手段と違う。そういうヤブレカブレなものではない。

私は決して上流階級の生れではないが、まア中流階級の上の部ぐらいの家に生れた。そして私の身辺に見た田舎の上流階級の内情や人情というものは、離婚された娘や妹の身のふり方や将来ということよりも、一家一門の名誉だけを考え、そのためには、たとえ娘や妹に正理があっても家名のために彼女の一生や幸福をふみにじるのは辞せないものだ。すくなくとも私が目にした田舎の上流階級とは全くそういうものである。

そういう田舎の上流階級の一般の気風にくらべれば、閑院氏の非常手段の裏側には、わが身と同じように妹の身のためを思う善意と、マゴコロが感じられるではないか。彼の勇気は、これを異常というよりも、むしろすさまじいまでの愛情であり、善意であり、その勇気の裏には妹に対する愛のみではなく、華頂氏に対する謝罪のマゴコロがあり、そのマゴコロあるによっても、あえて妹のスキャンダルを公表せざるを得なかったような正義感、それに類する清潔さを感じうるように思う。

彼がついに窮して手記を公にした心事に対しても、私は同感せざるを得ない。だがそのあとが、私はもう書く気がしないんですがね。まア、仕方がない。

とにかく、華子さんは、利巧な女ではありません。こういう人のこういう場合は方々に例の多いことだが、勝手にしやがれ、と云うよりほかに仕方がないように私は思う。本人に善意やマゴコロや、より良く生きたいという必死なもの、切ないものが、なんにも有りやしないじゃないか。兄さんの心事は悲痛であろうが、他人の私から見れば、勝手になるようになるがいいさ、あなたの場合はそれよりほかに仕方がなかろう、と云う以外に何もないような気がする。生きる苦しみが自分にハッキリ分らぬ人だもの、仕様がありますまい。自分で勝手なことをやって、それを見つめてごらんなさい。人間同志の話はそれから後にようやく始まるのだろうと思う。

あんまり虫のいいことを考えるもんじゃない。そういう性格の女は文士の娘にも百姓の娘にもパンパンにもいる筈のもので、ちッとも珍しいものではなく、陳腐にすぎるぐらいであるが、とにかく一応利巧でなければ、人間や人間の常道は分らんです。こういう人は、自分で気がつくまでは、何を云われてもダメなものさ。

戸田という人は、これはもうイイ加減な人さ。イイ加減でない人間ならもっと立派な方法をとりもし、言明もしたに極っています。

最後に宮様に申上げるが、あなた方が同族結束する気持は大いに結構で、特に今回の華頂、閑院両氏の処置に見られる他への愛情の深さと思いやりは切なくなるほど素晴らしいものに思われましたが、それが同族同志だけで、他の階級の人間は自分たちとは違うもの、みんなラスプーチン的怪人物的なものときめこまれているような手記や言葉の様子は、どうも、よろしくないようです。

第一に、もっと人間を知らなければいけません。人間を知らないために、こういうことが起ったのですが、人間を知らぬということは決して上等なことではない。

人間を知るなんて下賤なことだとお考えなら、それもマチガイ。

だいたい人間通というものは貴族社会から起ったものですよ。平安朝の昔もそうだし、ルイ王朝も、そうだ。もっとも、人間通というよりも、恋愛通、ワケ知り、から起ったもので、いわゆる苦労人の元祖は貴族や王族でした。元来はそういうものです。人間を知り、人性を知ることは元来貴族の特技だったものです。華頂、閑院両氏の良識と愛と勇気は見上げたものです。私などの遠く及ぶところではございません。足りないのは、人間を知らなすぎること。あんまりヒドすぎますね。人間や人性について心得がお有りなら、御両氏は世界第一級の紳士なるべし。その良識と愛と勇気を、全人類のためのものとせられたし。

安吾愛妻物語

不見転観相学

桜井大路

この写真から観た処では、額、眉、耳と何《いず》れにも非常に強く反家庭的な相が感じられる。特に顔全体の大きな特徴を成している鼻によくない相がある。この種の鼻を持つ人は、金を稼ぎ出す力は持っていても、常に散じてしまう人である。又、大変に短気であり、若くして家を捨ててしまう生え際をしている。

尚《なお》、一番強く出ているのは常識的な人間ではない、という点で他人とは絶対に相容れない人であり、誰れにでも好かれる、という人ではないが少数の目上の人には大変に愛される人ではある。

この人は孤独な人であるから、一人で出来る仕事を撰《えら》べば、四十台にして一応の名を成すが、四十五、六、七という時期は仕事と金の両面で内面的に悩むときである。五十台の初めは多少伸び悩むが、五十六、七にして大を成す人である。若い時から苦労とか経験とかいう点には遺憾がないから、それが仕事の上に生きてくるのである。額を観ても苦労が身についた人と云える。

この人の四十台までを災いしたものは、その大部分が家庭的問題である。尤《もっと》も家庭的に種々煩雑な点は一生涯を通じてのものではあるが、四十台以後は非常に勢い盛んな時であるから、それを押し隠してしまうのである。しかし、年と共に環境の寂しさが増すという点は、特に附言しておく。

性格としては他人には大いに良く、義気もあるが、又一面、非常に細かく物を穿《せん》鑿《さく》する癖もある。所謂《いわゆる》、外面がよく内面の悪い人である。言動は派手で勇ましいが、内心では常に細心の注意を怠らない人でもある。

人を大勢使うという人相ではないが、賑やかなことが大好きな人である。長生きをする吉相もあるが、恋愛をすれば必ず苦労する相をも併せ持っている。最後に総括すれば、善悪二相が極端に現れ、二十四五、三十二三、三十七八には手痛い苦しみをし、これからも紆余曲折の生涯を辿る人ではあるが、仕事は立派に成しとげ、世間のためになる人物である。しかし孤独であるが故に家庭的ではない。是非一度実物に会ってみたい興味を覚える。

私が徹夜の仕事をしてフラフラしている朝方にオール讀物の廻し者の写真師が来て、易者用の写真をうつします、という。

写真をうつすに身ダシナミが大切なのは見合写真と相場がきまったわけではない。我々の場合は特に例外なく人目にさらすための写真だから、身ダシナミは云うまでもなく、技をこらしポーズをつくり、大いに衆目をだまさなければならないのだが、そういう心得についてては欠けることがないのだけども、一度も実行したことがない。写真屋来るというので、顔を洗い、ヒゲをそり、着物をきかえたタメシがないのである。たった一度文藝春秋誌の何とかの百人という写真の時だけ、ハダカで仕事をしていたところ、流れる汗をこらえて着物をきるというムリをした。ムリのおかげでわが生涯にたッた一度のマトモの写真ができたのである。心がけ、というものは日ごろ心得があるだけではダメなものだ。実行しなければ意味をなさんものである。

易者に見せる写真だというから、天性の麗質を強いて現す必要もないが、せめて顔を洗い、目を涼しくして、頭脳メイセキの片リンぐらいのぞかせる心得が必要であったようだ。あいにく徹夜の仕事を終えたところで、アンマの到着を待つところへ、アンマサンの代りに写真屋サンが一足先に到着した次第であるから、アンマの先着者のために顔など洗うわけには参らん。しかし、アンマの方がおくれたために、アンマにもまれつつある写真でなかったのがまだしも取柄であったろう。

それにしても、この写真には、おどろいたな。死刑囚だね。

死刑囚の閑日月《かんじつげつ》としか見えない写真に、良いような、悪いような、良いような、その物ズバリ的なところもある目の肥えた判断を下した桜井さんは相当な手腕家だな。

彼はこの写真の主の職業をどう考えたであろうか。この写真の主が私であることは、たぶん知らなかったろうと思う。

そして、写真を見せて身の上判断を依頼したのが文藝春秋記者であり、それが読物に用いるためであることまでは分ったが、いかなる内容の読物だか分らないし、写真の主の名も身分も教えてくれないとすると、彼はこの人物の職業身分を自分で考えなければならないし、その点に関して一応の推測が先立つ必要があったと思う。

この写真からみると、これを現に犯罪に関係ありと見たてる。現に盛運の相ではない。雑誌がとりあげる人物だから、ナニガシの人物らしいが、易者が顔を知らない所を見ると、時の人にしても、大物ではない。

現在、こういう相貌の閑日月をしている人物で話題になりそうなのは、モグラ族である。徳田、野坂中尉から下は伍長、上等兵に至るまで近ごろは地下にくぐったから、モグラの一味かも知れん。

しかし、アベコベのモグラもいる。右旋性左旋性というものは万事にあるもので、モグラの運動にも二ツの相異った本能をもつモグラがあるのだ。単行本で盛大に稼ぎつつ敗戦後一貫してモグラの運動をつづけている参謀がいるしその同族同類もいる。

パージ族というのもあるが、パージ族というほど育ちの良いところはないから、とにかくこの閑日月は浪人の風格であることは確かなようで、すると、官庁か大会社で悪いことをしてクビになった奴かなア。しかし、単に時の罪人なら新聞紙上で顔にナジミがあるだろうし、その身の上判断なんてものを雑誌はたぶんとりあげない。すると、目下、浪人、とにかく理由あって、世を忍び、目下、苦労してることはタシカだなア。

技術家的なところもあるが、技術家も原子エネルギーの天才からスパイ、文士に至るまでいやがるし、モグラの技術家は日本ではあんまりきかないが、するとアプレゲールの政治家かも知れないな。するとアシダ・グループとかヤミ成金グループの参謀かも知れん。没落した財産イントクの高利貸、ヤミ社長。目下キンシン中の教祖かなア。それもある。

とにかく、写真の顔だけで純粋に判断することは不可能であろう。職業、身分とか現在の社会的地位というものは、顔だけの写真では分らない。実物を見ればかなり分る。実物を見る代用としては依頼者の身分と用件と依頼ぶりから想像せざるを得ない。

人相、骨相からだけの純粋な判断に先立って一応職業、身分、現在の社会的地位というようなものに当りが必要に相違なく、そのような当りの必要があるということの方が易断の合理性や科学性をも証しているのであろう。顔や手を一目見るだけでズバリというのは、いかにも凄味があるようだが、左程にズバリの先生が一生易者にすぎんとはバカげた話で、現在の依頼者の職業身分に当りがつけば、あとは人相骨相等ににらみ合せて公約数的に身の上、性格等の判断をわりだすのは不可能ではなく、公約数の算定法は相当に合理的でもありうる筈のものであろう。

私は易断には不案内だが、人間を性格的に観察することは文学をする者にとっても甚だ重大なことであるから、観察ぶりも似たようなものだろう。

ただ文士は易断する必要はない。結論をだす必要はないし、ここに二者の相違があるのだが、易者とちがって、文士は結論がだせないのである。

まず文学上の性格判断というものは、性格に先立って、万人は同じもの、同じ可能性をもったもの、というのが常識として潜在しているものである。

性格は、可能性の多少に属しているだけのものだ。可能性の多少は、その人の一生に、必然的に現れてくるものではなくて、環境や偶然に左右され、諸条件に相応するものだ。犯罪の弁論だの判決というものも、ここまでは文学同様常識であり、その上に成り立っているものであろう。

文学は可能性の探求である、と一言にして云いうるかも知れないが、文学にもいろいろ流儀があって、性格の可能性を探す人もあろうが、むしろ人間の可能性ということの方が大事であり主流と申すべきであろう。

性格の可能性ということならば、それが環境や偶然の諸条件に支配されるにしても、性格に内在する可能性の多少が、諸条件に積極的に作用する力もあって、そのような必然的なもの、既知的のものは、文学上の探求と関係しないものである。医学や法律なぞが、それに応ずる薬とか、療法とか、罪の裁定とか、をもとめる土台となるかも知れぬが、文学は探求でもあるが試みでもあり、薬の量を定める土台にもならないし、それ自体に解決を持たないのが普通である。

平凡人に諸条件がかかった場合――むしろこの諸条件に重きがおかれる。

性格に重点をおけば、可能性の多少ということは、肉体的に云えば、まア病気の多少、病人をさすことに当るかも知れん。

文学の方は平凡人、つまり、普通の健康体がむしばまれて行く可能性、いかなる条件があって、かかる病人となるか、その社会悪というものが考えられ、病人の対策や病気の治療が問題ではなくて、諸条件とか社会悪というものへの反撥や、正義感が、文学の主たる軸をなすもののようだ。したがって、人間自体に関する限り、文学には解決や結論がない。いつまでたっても、常にあらゆる可能性が残っているだけの話なのである。

だから文士は、人間の性格についての心得は当然必要だけれども、性格に主点を定めて人生を見ることが少ないし、その文学活動に於《おい》て易断を行うことはないものである。易断は性格判断でもある。文学と易断はその点ではまるで違ったものなのである。

たとえば、反家庭的とか、家を捨てる性格というものは、文学上の問題とはならない。家庭に反せざるを得なかったこと、家をすてざるを得なかった条件が問題となる。必ず家庭に反し、必ず家をすてる人間というものは存在しないのである。

私が若くして家をすてたのは事実だが、反家庭的かどうかは疑わしいし、家をすてる必然性も疑わしい。金をよく散ずることも事実だが、これも性格であるか、思想であるか、にわかに判じがたいところで、私が思想的に蓄財する可能性は少くないのである。また、私の散財が思想的な結論からきていることも云えないことはない。性格と思想が同じものだということはウソである。相反する思想を所有することはできるが、相反する性格はそうはいかない。

同一人が左右両思想のいずれかへ走り易いという性格はあるが、この場合の左右というのは性格に無関係な思想上の左右であるか、蓄財か散財か、家庭的か反家庭的か、ということは性格として相反する左右であるが、思想としては同一人がいずれへ走る可能性もあることで、私がにわかに蓄財家になっても別にフシギはないのであるし、いつでもなれることなのである。あるいは、性格とか思想というよりも、意志の問題かも知れない。私はむかし薬品中毒したが、今はそうではない。中毒者の性格ということも一応考えられるだろうが、実際は意志が左右する問題であって、意志は性格よりも後のものだ。もっとも、意志することも一つの性格だという見方があるかも知れないが、すると意志以前は何と云うべきであろうか。

徳川家康は五十を越し六十ちかくなっても、にわかの大事に会うと、顔色蒼白となり、手の爪をかむクセがあったという。関ケ原の時、戦闘開始するや、秀秋の裏切りがハッキリするまで形勢全く彼に非で、金吾の奴にはかられたか、と蒼ざめて爪をボリボリかみつづけていたという。

こういうところは今日の医学では小心者の精神病者の性格である。ところが家康という人はにわかの大事に会うとテンドウして蒼ざめたり爪をかむけれども、その逆上コンランを押し鎮めて後には、周到細心、着実無比の策を施し、眼をはたらかせる深謀遠慮、沈着の智将なのである。

そして家康の一生には、その武将としての足跡には、三方ケ原の敗戦このかた蒼ざめて茫然自失した跡などは見られないが、しかも事件突発の当初に於てはそれが五十すぎても変らない持ち前の性格で、側近の見た偽らぬ家康、彼の平凡な一面だったのである。

氏も素性もない他人の女房にかぎって妾にしたがるところは甚しく好色に見える家康だが、それは外道的、反家庭的のように見えて、彼の一生はそうでもない。わが子の一人二人煮ても焼かれても平気な風もあり、わが子を平気で殺しもしたが、それが反家庭的かと云うと、実は徳川幕府というたッた一軒の家督をまもるためでもある。

要するに、家康という人間の行蹟を見て、そこに彼を語る軸をさがすとすれば、それは彼の性格ではなくて、彼の思想であり、性格の上に意志がはたらき、一ツの思想に形成されて熟慮断行されたものが、家康の行蹟であり、家康という人間であった。

同族会社か株式会社か、天皇制か大統領制か、そんなことも性格ではなく思想的に解決せられることであろう。

人生を性格と見るのは易断の弱点の一ツで、人生をひらくものは性格ではなく、意志であり、思想なのである。性格には正邪はないが、思想には正邪がある。人生の価値を決定するものはその正邪の方で、性格はそれ以前の原始なものと知るべきであろう。


常識的でない、というのも問題のあるところ。日本でも私は次第に常識と解され、常識化されているように思うが、よその国へ当てはめてみると、私の常識性はハッキリするように思う。私の方が普通で、日本の他の文士の方が常識的でないように思うのである。

人とは絶対に相容れないとは手きびしいな。そんな人間はいないでしょう。人と相容れ易いという方が、どうかしてるんじゃないかな。人と容れる容れないも、思想的なもの、考えられた生き方ですよ。

たとえば石川淳は私よりも孤独的で、友達もないが、根は私よりも心あたたかく、ヨコシマなところなく、誰にでも愛さるべき人である。彼を愛さぬ人は愛し得べき良さ美しさに理解できないせいもあろうし、彼に匹敵する深い愛情や、人間の交りはそのような深さに於てのみ相許さるべきことを知り得ないせいもあろう。

私は人と相容れないどころか、相容れて困るぐらいかも知れない。そして私は昔から少数の目上の人に愛されたことなんか一度もありませんでしたよ。

しかし、これは桜井さんの目ガネちがいではありますまい。性格や身の上の公約数をさがして行くと、そうなるのが自然で、人生の指針が易断で間に合う人間にはそれで間に合うものであるし、桜井さんの公約数のだし方にはソツがなく、その限りに於て相当合理的で、易者としては一級の見巧者《みごうしゃ》と申せよう。

はじめ記者がこの写真を持参した某易断所は、写真の易はダメだとお叱りを蒙《こうむ》ったそうであるが、おめず臆せず堂々とやってのけた桜井さんは、自信も立派だが、たしかに巧者でもある。

人と絶対に相容れない、とか、少数の目上には深く愛される、というのは易者の方では常套の言い方らしく、それがある種の人々には却《かえ》ってピンとくるらしい様子がよく分るけれども、その云い方も易断の弱点の一ツであろう。こんな風に云うのは、どうだろう。

「己れを恃《たの》むのも結構だが、大きに怖れも知らなくちゃアいけねえな」

私は時々こんなことを云って若い人にイヤガラセを云ってやる。

「マジメにやれば誰かが見ていてくれるかも知れないが、能がなければ、マジメなほど救いがねえや。マジメにやれば見ていてくれるというのは、バカ同志の共同戦線かなア。どッちか一ツをハッキリと選んでやりなよ。二ツは一ツにならねえや」

これは易断ではない。酒に酔っぱらッたときの酒の肴たる年若き人物への一場のクンカイの如きもので、したがって甚だ良い気なものであるが、同時に、相手にクンカイをたれているのか、自分にたれているのか、そのへんの区別アイマイモコたる悲哀がこもったところもあるようだ。

かかる一場のクンカイも、これまた人生の公約数的な怪味を帯びているけれども性格よりもいくらか思想性によりかかったところがあって、やや高級な説得力があるらしいが、それにしてもドストエフスキイの小説中に現れるノンダクレのセリフ以上の名言卓説ではない。孔子サマ、ヤソサマの大教訓にヘダタリのあること十五万里。ただし、ドストエフスキイのノンダクレにしても私にしても、自らモグリの言説であることには重々心得があって、決して大教祖を志しているような怪しいコンタンはないのである。

私の四十台までを災いしたものは家庭的問題である、というのは、全然一人ポッチで放浪のみしていた私には全く当らないようであるが、全く当ってもいる。なぜなら全然一人ポッチということも、家庭的問題かも知れんからである。易断は万事かくの如きもので、当っていると思えばみんな当っているし、当らんと思えばみんな当らん。

一人ポッチということは家庭の支えを失っている点では完璧な家庭的問題で、これに災されて四十までメが出なかったというのは、そう思えば、そうなるだろう。もっとも、メが出たときも、同じように一人ポッチであった。

文芸批評家が私の作品や一生を論ずるには、どう云うだろうか。ドストエフスキーの場合には家庭問題ということが彼の作品や生涯を解くカギの一ツとなってるようだが、しかし、それはドストエフスキー自身が手紙や文章の中でそれを言いたてているせいもあるだろう。本人が言いたてたって、一向に本当ではないものである。だから私が家庭問題に煩わされた顔を一度もしなかったり、一度も書かなかったにしても、これまた信ずるに足らずと見たところで、その論者の立場に不可があろうとは思われん。

ただ家庭的に煩雑だというのは当らない。私個人の立場として家庭的に煩雑で、家庭のことまで気にかかるのは時にやりきれんと思うことも確かにあるが、他の人や、他の家庭にくらべて、私の方が煩雑だという比較になると、桜井さんには悪いが、これだけは完全にそうでないようである。しかしながら、主観的に云った場合に、私が家庭を煩雑に見ていることは確かで、特に年とともに環境の淋しさが増すという点は私も同感である。これだけは、それ以外にどうにもならないものを確信せざるを得ません。

桜井さんは、どういう相を根拠にされたのか知りませんが、四十までウダツがあがらず、四十台でともかく名をなす、という点は、その通りでした。

別にアゲ足をとるツモリではありませんが、二十四五、三十二三、三十七八で手痛い苦しみをしたというのは、すこしズレています。すこしズレるというと大体当ってるようだが、実は二三年ずつズレていて、二三年ズレるとこの間隔では最大限にズレたことになってしまう。

六ツ七ツ、十五六、二十一、二十七、三十一、四十四が手痛い出来事があった意味では特筆すべき年で、しかしジリジリときたものについて云えば全半生に通じていると申せましょう。こう申したとて、桜井さんの易をどうこう云うわけではなく、このタイプの人間ならこのようなことが手痛い出来事で、そういう出来事に会うとすれば何歳ぐらいという算出以外にヨリドコロはないと思うが、あいにく私の半生は全然世間並のところがないから当り様がないだけで、桜井さんの手腕の問題ではない。当る方がおかしいのだ。こういうものは、むしろ当らない易の方が、全局的に見て、その人の全貌をつかむ合理性を含んでいると思うのである。

六ツ七ツというのは、私が私の実の母に対して非常な憎悪にかられ、憎み憎まれて、一生の発端をつくッた苦しい幼年期であった。どうやら最近に至って、だんだん気持も澄み、その頃のことを書くことができそうに思われてきた。

十五六というのは、外見無頼傲慢不屈なバカ少年が落第し、放校された荒々しく切ない時であった。

二十七と三十一のバカらしさはすでにバカげた記録を綴っておいたが、これもそのうち静かに書き直す必要があろう。

二十一というのは、神経衰弱になったり、自動車にひかれたりした年。

四十四が精神病院入院の年。

こんな常軌を逸した異例の人間の一生は、公約数から割りだせる筈はないし、そんな異例なところまで易が見破る必要はないものなのである。

むしろ、これらのことが当らなかったのは咎《とが》むべきことではなくて、アベコベに、四十までウダツがあがらず、ともかく四十台で名をなしたというのは、人相骨相に根拠があって判明したのですか。もしそうなら教えてもらいたいものだ。しかし思うに、桜井さんは諸般の依頼条件から考えて、写真の主を戦後派と見ての推断ではないかと思う。そして、そのようにして推断し、誤りがなかったということは、彼の易断が相当健全な常識の上に立っていると見ることができ、私はその方を信用するのである。私は神ガカリ的な易断や、邪教的な暗示ぶりをとらないのである。

性格として、外によく、内に悪い、というのは、当っているが、しかし、これは当るのが当然だろう。まア人間の九割ぐらいは、外によく内に悪いのが当然だし、特に頭を使う商売や人間関係の複雑な世界に政策商略的な生き方をしなければならない人間は、外によく、内に悪いのが自然で、内に悪いのが一種の休息と目してよかろう。気を使わずにワガママにふるまえるのは自宅だけで、内に悪いというのは、自分のウチだけは安心して自分のもの自分の世界だという気持の現れで、内に悪い方が親しさのアカシと見た方がよい。

本当に仲がわるくて内にわるいのは、外によく内にわるい、という意味の正当なことではなくて、異例のことだ。内に辛く当るのが親しさの現れ、というのが、日本の家庭の内にわるしということの真相だろうと思う。

日本の家庭の封建的のためでもあるが、女子が経済的に男子に従属せざるを得ないことの必然的なものでもあって、その意味では日本だけのものとは限らない。

女子が経済的に従属するという意味を押しつめると、女房というのも良人《おっと》にサービスする商売だという一面もあることは確かであろう。亭主の気質をのみこんで、ほかの女ではできない行き届いたサービスをする。それだけのサービスしても、亭主は外によく、内にわるくて、よろこんだ風がなく、いつもブッチョウ面をしていると怒るのも自然だけれども、実は亭主というものはそんな無礼なブッチョウ面をさせてくれる女房に甚だ深く感謝しているものだ。

私はオメカケというものを持たないが、日本の家庭の在り方ではどうしてもオメカケの方が敗北し易いのではないかと思っている。日本婦人のやや己れを空しうして亭主に仕えるという献身性は、女が男に従属するという限りでは最高のサービスで、従属的な夫婦関係では、この上のものもない。

オメカケも経済的に男に従属する点では女房と同じことで、コッちはハッキリ商売であるが、容姿が美しかったり、性愛の技巧にたけていたり、天性のコケットで話術にたけ、男の気をひきたたせ、酒席のとりもちが陽気で、男の鬱《うさ》を散ずる長所がある、と云っても、これだけの長所美点全部綜合しても、献身的ということ一つ欠ければ、女が男に経済的に従属するという関係にある限りは、結局献身が最後にかつ。

問題は、女房の方に献身が不足で、オメカケに献身がそなわる場合で、これでは女房が負けるのは仕方がない。ところが日本の女大学的女房は、形式上の女房学者が多くて、忠義と献身とをまちがえているのである。

忠義という修身上の言葉、女大学的に説明の行きとどきうる言葉は形式的で、本当に充実した内容がないのが普通であるが、献身というのは情愛の自然に高まり発した内容があって、経済的に女を従属せしめている男にとって、男をハラワタからゆりうごかし、男をみたしうる力は、女の献身にこす何物もあり得ないものである。

天性のコケットがいかに男を陽気にする力をそなえ性愛の技巧にたけていたって、女房に献身があって、自分にそれがなければ、いつかは男が女房の方へ帰るにきまったものだ。つまり男にサービスする商品としての女にとっては、献身が結局最後のそして最高の商品価値をなすものなのである。

男女同権などと称したって、経済的に女が男に従属する限りは、どうにもならない。男女共学も結構、男が女をエスコートする風習の移入も結構。男女の外面の生活の形式がどう変ろうと、経済的に女が男に従属する限りは、結局、男が最後に選ぶ女の美徳は献身ですよ。

同じ職場で働いていて、恋愛時代は経済的に独立し合っていて、男の方が女の方にサービスするような恋愛時代がつづいても、結婚して女が男に経済的に従属したならば、愛情の自然の発展が献身に高まらないと、いつかは男は他の女の献身へ走ってしまう。

女房に献身のある限り、オメカケの容姿の美しさ、若さ、天性の娼婦性、性愛の技巧等が敵に兼ね具わっても怖るるに足らぬが、オメカケに献身があっては、女房もダメである。特に、忠義と献身をとりちがえている女大学の優等生は、理論的にいかにオメカケを撃破する力があっても、実質的にオメカケを撃破することは不可能なのである。

経済的に女房を従属せしめている亭主は、女房の献身に対しては人生唯一の己れの棲家をそこに見出しているもので、本当に己れの城であるという安心が、ワガママ放題のブッチョウ面となって女房に対するのだ。女房の献身が骨身にこたえて安心できるほど、ワガママでブッチョウ面になり易いものだと云うことすらできよう。

男がよその女にサービスするような関係は、心配はいらないものだ。男に経済的に従属する女というものは、美や技巧で長く男をひきとめることはできませんよ。美も技巧もいくらでも目移りし易いものだし、男にサービスさせる要素がある限りは、いずれは崩れるものにきまっている。

外によく、内にわるい、ということは、男が家庭的でないという意味を現してはいない。女房が経済的に男に従属する限りは、むしろ男の家庭へ回帰する正しい感情が内にわるくなるものだと見てよろしいのだ。

まア、そのように女房も商売であるような夫婦関係では、女房が娼婦的で献身的であるのに越したことはない。

だから、家庭的であるか、ないかは、女房との相対的なもので、孤独であるが故に家庭的でないというのは、正しい云い方ではない。人間は孤独なものだ。孤独な人間ほど、常に「家」に回帰したがる郷愁に身を切られるのが自然で、それに対して骨身にこたえるのは女房の献身だということができよう。母にもまさる献身が女房にあるなら、何をか云わんや。私の女房はそのような献身をもっているから、私が家庭的でないことは有り得ません。

浮気っぽい私のことで、浮気は人並以上にやるだろうが、私が私の家へ回帰する道を見失うことは決してあり得ない。私は概ねブッチョウ面で女房に辛く対することはシキリであるし、茶ノミ友だち的な対座で満足し、女房と一しょに家にいて時々声をかけて用を命じる程度の交渉が主で、肉体的な交渉などは忘れがちになっているが、それは私の女房に対する特殊な親愛感や愛情が、すでに女というものを超えたところまで高まっているせいだろうと私は考えている。私はとッくに女房に遺言状すらも渡しているのだ。どの女のためよりも、ただ女房の身を思うのが私の偽らぬ心なのである。それはもう女という観念と質のちごうものだ。そして女房に献身のある限り、私の気質に変ることは有りえない。つまり私は決して私と女房とを平等には見ておらぬ証拠で、女房とは女房という職業婦人であるが、すでにカケガエのない唯一の職業婦人として他の女たちと質のちごう存在になっていることが確かなのである。

孤独な人間は、浮気であるが、本当に女に迷うなどということはない。そして、惚れることはさめやすく、迷うこともさめやすく、いたわり、いつくしむことだけが長いのである。たとえそのイタワリやイツクシミが逆なブッチョウ面となって現れるにしても、それはそういうワガママをしうるのが自分の本当のウチであるアカシなのである。

言動はハデで勇しいが、内心では常に細心の注意を怠らないというのは、たしかに私の特質であろう。ちょッと異例的に細心メンミツである。しかし、こまかくセンサクする、という癖はどうだろう。あることについては特にそうだが、あることについては全然そうでない。つまり、私は物にコル性質であるが、コルというのは、あることにだけセンサクすることで、反面他のことにはてんでセンサクを怠る意味である。人生万般に万べんなくセンサクするようなコリ屋はないものだ。図抜けて一事にセンサクし、かなり永続するのをコルという。

長生きの吉相があるとは有りがたいが、恋愛すれば必ず苦労する相も併せ持っているとは、いささか手きびしいな。

しかし、そう苦労もしませんよ。恋愛して本当に苦労するのは第一回目の一度だけだね。その時は、はじめてのことで、その道に不案内だからコンランは益々コンランを重ねるし、そのコンランの時間は甚しく長く、私の場合約五ケ年かかったな。

何度恋愛しても、一時的にコンランし、夜もねむれないほどの苦痛になやむのは、たしかに同じことだけれども、だんだん時間的に短くなり、一ケ月、一週間、三四日と、ひどくちぢまるものだ。もう、こうなると、恋愛即浮気で、ほとんど、とるに足るものではなくなってしまう。

ただ我身をかえりみて云えることは、いつまでも浮気ッぽい癖だけはどうにもならないだろうと云うことだ。意識的にそうである一面もある。すべては、ひどく、メンドウだ。けれども敢《あえ》てメンドウを辞さないようなムリな一面もたしかにあるが、それは商売上の慾念や、商売意識からのものだろう。まるで商売熱心にかこつけるようだが、そういう言いわけの意味はミジンもなく、第一が天性浮気ッぽい性、第二が時にひどくメンドウくさくて敢て辞さないようなことがあるのは商売意識のせいもある、というだけのことです。

云いかえれば人生はひどく退屈だし、浮気なんて特に退屈千万で、いわばムリして女にサービスするようなバカらしい空虚な時間であるが、何が一番ハリアイがあるかというと、とにかく商売だけだ、ということだけはハッキリ云えます。

死刑囚の閑日月と云うような妙テコリンの写真から、とにかく、こういう判断を下した桜井さんは、相当健康で合理的な判断力がある方で、神がかりや邪教的な要素が少い文化易者と見立てることができよう。

文春記者の語るところによると（今きいたのだが）桜井さんは本人に会って声をきくと判断し易いと云って、写真だけではうまく出来ない理由としたそうだ。

声をきいてみたい、というのは、たしかにその通りだろうと思う。私も声や声によって現される言葉には、その人間が現在位置している場所、つまり、職業とか身分地位というようなものを綜合的によく具現しているに相違ないからである。声にはその人間の確信も信念もこもるものだし、その声を分類し、声の裏にかくされたものや、言葉の意味が彼の心からどの程度の軽重さで発せられたかも分るものだし、それは私たちだって、桜井さんと同じように相手の声を読むものです。

若い青年の議論が、どの程度彼の身についたものかは、声で一番よく分るものです。どの程度の信念か、それも分る。まア、私たちには私たちだけの必要があってのことだから、声を判断に利用するのはその程度にすぎないけれども、職業によって利用するにはたしかに声は大切で、易断の方では私が声を利用するのと別な角度や方向があるに相違ないことは想像ができる。

声をききたいという桜井さんは、益々易断の合理主義者と云うべきかも知れない。銀座にふさわしい易者で、文化人に好評を博す素地ある人であろう。

しかし、その人の一生を本当にうごかすものは性格ではなくて、環境や偶然でもあるし、又、さらに、意志や思想であるが、それも偶然や環境等の諸条件の支配をまぬがれることはできない。

易断に何が一番必要かと云えば、過去をよく当てるというのは単に易断の前座的なものにすぎないもので、さりとて、その未来を当てるための占いは健全で合理的な易者のつつしむところと致されねばなりますまい。

目下沈んだり隠れたりしている彼の長所をかきたて、彼のより良くより強い信念とか、逞《たくま》しい意志などをひきだすエニシとなり、彼のより良い人生のために職業上の技術と善意とを役立ててやることではないでしょうか。

あなたのような合理的で健全な易者は未来を占うことの愚かしさを知り、人々のよりよい未来のために正しく諸条件を判断してやり勇気を与えてやるために職業上の技術をつくしてやるべきでしょう。

その人の意志と諸条件への正しい判断によって、未来はいくらでも変るものです。そうではないでしょうか。とにかくあなたは健全な易者ですよ。

安吾人生案内
あんごじんせいあんない

二〇一九年二月十九日　第一刷発行

著者　坂口安吾
発行者　三田英信
発行所　三田産業株式会社
〒650－0031
兵庫県神戸市中央区東町122番地の2　港都ビル8階
電話　078－599－6197
FAX　078－599－6198
装幀　原拓郎　組版　苦楽堂　印刷　中央精版印刷

ISBN 978-4-9910066-1-6
落丁・乱丁本はお取り替えいたします。